"广西高校中青年教师科研基础能力提升项目（2021KY0277）"
"广西中医药大学'高层次人才培育创新团队'建设项目（2022B010）"研究成果

汉英触觉范畴认知语义对比研究

张艳 著

郑州大学出版社

图书在版编目(CIP)数据

汉英触觉范畴认知语义对比研究 / 张艳著. -- 郑州：郑州大学出版社，2023.10(2024.6 重印)

ISBN 978-7-5645-9850-1

Ⅰ.①汉… Ⅱ.①张… Ⅲ.①英语 - 语义 - 对比研究 - 汉语 Ⅳ.①H313②H13

中国国家版本馆 CIP 数据核字(2023)第 149897 号

汉英触觉范畴认知语义对比研究

HANYING CHUJUE FANCHOU RENZHI YUYI DUIBI YANJIU

策划编辑	何　涛　申从芳	封面设计	苏永生
责任编辑	王晓鸽	版式设计	苏永生
责任校对	暴晓楠	责任监制	李瑞卿

出版发行	郑州大学出版社	地　　址	郑州市大学路 40 号(450052)
出 版 人	孙保营	网　　址	http://www.zzup.cn
经　　销	全国新华书店	发行电话	0371-66966070
印　　刷	廊坊市印艺阁数字科技有限公司		
开　　本	710 mm×1 010 mm　1 / 16		
印　　张	13	字　　数	202 千字
版　　次	2023 年 10 月第 1 版	印　　次	2024 年 6 月第 2 次印刷
书　　号	ISBN 978-7-5645-9850-1	定　　价	58.00 元

序 言

  触觉是人类发展最早的感觉,这一事实已经得到了现代医学的证明。在文学作品和实际生活中,人们常常用触觉来描述视、听、嗅、味等感官的感受,这种用法即修辞学上的"通感"。除了医学领域、文学领域,心理学和管理学领域对触觉也有所关注。美国心理学家阿克曼(Ackerman)及其团队通过实验证明,在人际交往中,触觉体验会影响社会评价和决策,由此得出基本的触觉会影响较高的社会认知过程的结论。语言中触觉范畴词汇记录了人类通过触觉感官认识世界的各种经验,不同语言中的触觉范畴词汇是如何反映人类通过触觉感官来认知客观世界的过程的? 这正是张艳的《汉英触觉范畴认知语义对比研究》一书所关注的问题。作者力图通过对汉英触觉范畴认知语义的研究来了解操这两种不同语言的人在认知方面的共性和差异。

  以触觉范畴认知语义为研究内容主要因为语义是语言研究的重点。不断发展演变的人类语言不可避免地导致其词汇语义发生变化,语言交际的经济性原则又常常使一词多义现象不断产生。传统的词义引申理论侧重从具体到抽象、从个体到一般地厘清词义的内在系统性;词义扩大、缩小、转移理论则更侧重对词义演变的结果进行研究,以抽象出其中所蕴含的静态的词义关系。认知科学和其他学科的迅猛发展为语义研究开辟了新的研究视角——隐喻转喻理论,这一理论侧重解释词义演变的条件和原因。

  汉英触觉词汇是对使用这两种语言的人们如何通过触觉认识客观世界的记录,对汉英触觉词认知语义的分析从某种程度上来讲可以丰富触觉词研究的成果,也有助于我们理解汉英词汇语义变化的规律,研究成果有助于提高汉语学习者和英语学习者在语言运用上的准确性。作者以汉英触觉范畴的高频名词、动词和形容词为研究对象，以认知语言学的相关理论为指导，对汉英触觉范畴词汇的语义异同进行了对比分析，并对构成异同的原因进行了阐释。涉及的内容包括汉英触觉范畴词汇认知语义表现出来的共性和差异、汉英触觉范畴词汇语义演变路径和引申方式、汉英触觉范畴词汇语义引申过程中所涉及的认知模式以及汉英触觉范畴词汇认知语义异同的成因等四个方面。

　　作者通过细致的对比分析发现，汉英触觉范畴词汇认知语义表现出共性和差异并存的情况。总的来说，汉语"皮"类词与英语 skin 的差异相对来说不大；汉语"摸"与英语 feel 的动作感知义相近，其他感知义相差比较大，其语义演变的过程中都存在语法化现象；汉语"轻"与英语 light 和汉语"重"与英语 heavy 两组差异比较大。从原型意义和衍生意义的关系来看，汉英触觉名词、动词和形容词的衍生意义都和原型意义存在着这样或那样的联系，都是通过隐喻或转喻机制由原型意义衍生而来。具体来讲，触觉动词和触觉形容词的语义基本上都是通过隐喻机制的作用从原型意义衍生出来的，而触觉名词的语义引申还有转喻机制的参与。从语义演变的规律来看，汉英触觉名词和触觉动词的语义演变都是沿着从具体到抽象的路径发展；触觉形容词的演变路径则有所不同，汉语触觉形容词语义演变沿着从具体到抽象的方向发展，而英语触觉形容词语义演变主要是从具体概念引申到抽象概念，个别则沿着相反的方向发展。从语义引申的认知动因来看，汉英触觉名词、动词和形容词的语义引申的认知机制为隐喻或转喻，以隐喻为主，其中涉及了众多认知模式。但是从基础的隐喻模式来讲，汉英触觉动词和形容词的语义引申中都包含了巴尔马斯(Balmas)所提出的认知模式。

　　作者除了对汉英触觉范畴词汇认知语义的异同进行详细对比、对其所涉及的认知模式和语义引申路径和方式进行对比分析之外，还试图从语言结构、语言借贷、人类认知、自然环境和文化因素四个方面对这些共性和差异进行阐释。

　　该书具有以下几个方面的特点：

　　一是研究内容系统全面。一方面，作者系统考察了触觉范畴名词、动词和形容词三大词类的认知语义,而不是孤立考察其中某一词类的语义,并力求揭示触觉范畴三大词类在语义演变路径和引申方式上的共性和差异。另一方面,在触觉范畴形容词部分,作者以既有研究中少见的压觉形容词语义分析为重点,结合已有的温觉形容词和接触感形容词的研究成果,总结归纳触觉范畴形容词的语义演变路径规律,而不是像以往研究只着重分析温觉域形容词、接触感形容词和压觉形容词中的一种或两种。

二是综合运用多种研究方法。作者综合运用了对比研究法、共时与历时结合法、描写与解释结合法、定性研究法等多种研究方法,而不是偏重其中个别研究方法或是某两种方法。作者将对比分析的方法贯穿整个研究的全过程,对汉英触觉范畴名词、动词和形容词的语义进行了系统深入的对比分析;将描写的方法运用于汉英触觉范畴名词、动词和形容词的语义和语义引申;将解释的方法运用于对汉英触觉范畴认知语义共性和差异成因的解释说明。作者着重运用共时研究法来分析汉英触觉范畴原型意义和衍生意义之间的关系、语义引申中涉及的认知模式,辅以历时研究法来分析汉英触觉范畴语义演变中的认知动因。

三是跨语言对比的研究视角。作者从跨语言的视角对比汉英触觉范畴语义体系,而不是局限于单一语言的分析研究。跨语言的对比,有助于理解触觉范畴词汇的普遍性特征和具体语言的特殊性,有助于深化对语言的本质的理解,对语义类型学和词汇类型学也有借鉴意义,有助于推动其深入研究。

该书作者张艳本科、硕士和博士阶段均为英语专业,2015—2018 年在中央民族大学语言学及应用语言学专业跟随我攻读博士学位,多年来一直从事英语教学,奠定了较好的专业基础。该书是其在博士学位论文基础上修订完善而成的,对我国的汉外对比研究和英语教学都具有重要的学术意义和实践意义。

是为序。

周国炎

2023 年 9 月 23 日于北京

目 录

第一章　绪论

第一节　选题缘起

本研究是汉英触觉范畴认知语义对比研究,以此为选题主要有以下几点考虑。

首先,笔者因对触觉这一人类最为基础的感觉的兴趣促发了对触觉范畴词汇的研究。现代医学的研究已经证明了触觉是人类发展最早的感觉,早在胎儿时期就已经存在。皮肤属于接触性的感觉器官,比别的感觉器官更富于质感、更为具体,在文学作品和人们的实际生活中,触觉常常被用来描述视、听、嗅、味等感官的感受,这种用法在修辞学上被称为“通感”。除了医学领域、文学领域之外,心理学和管理学领域对触觉也有所关注,阿克曼等(Ackerman et al,2010)认为触觉不仅是人类最先发展起来的感觉,而且是获取信息和控制环境的重要手段,他们用实验证明了在人际交往中,触觉体验会影响社会评价和决策:触摸到厚重的简历会让人觉得申请人比较重要,触摸到粗糙拼图的人会觉得互动难度较大,触摸到坚硬物品的人态度更严厉和坚决;该研究认为基本的触觉会影响较高的社会认知过程。这就引起了笔者的好奇和关注,触觉范畴词汇记录了人类通过触觉感官认识世界的各种经验,那么它们是如何反映人类通过触觉感官来认知客观世界的过程的? 本研究试图通过对汉英触觉范畴认知语义的对比研究来了解操这两种不同语言的人在认知方面的共性和差异。

其次,语义一直以来都是语言研究的重点,因此笔者选择以触觉范畴认知语义为研究内容。人类语言一直处于不断的发展变化中,那么词汇语义变化则是不可避免的。出于经济性原则的考虑,为了交际的简单和方便,人类常常使用旧词来表达新义,一词多义现象也就自然而然地产生了。传统的词义引申理论属于动态研究,更侧重从具体到抽象、从个体到一般厘清词义的内在系统性;词义扩大、缩小、转移理论则属于对词义发展的静态描写,更侧重对词义演变的结果进行研究以抽象出其中所蕴含的静态的词义关系;认知科学和其他学科的迅猛发展为语义研究开辟了新的研究视角——隐喻转喻理论,在认知语义学家看来,语义描写须采用百科式的语义分析方法,须用概念隐喻分析人类的思维规律,这样语言理论才具有较大的解释力和说服力,这一理论侧重解释词义演变的条件和原因。本研究试图通过对触觉范畴词汇认知语义的研究来发现该范畴词汇认知语义演变的规律并解释其演变的认知动因。

最后,笔者查阅文献后发现,已有的汉英触觉词语义对比的研究成果并不是特别丰富,研究程度也不那么深,多数研究选择触觉形容词的某个语义场(以温觉域居多)进行举例概括式的研究,全面而系统的研究并不多见,鲜见涵盖其所有语义场的研究。已有的研究多从认知隐喻或转喻的角度进行分析,强调具体的汉英触觉词语义引申中的异同,却并未深入探讨汉英触觉词语义引申的规律、路径和认知动因等,仅有个别研究涉及了部分触觉形容词语义引申中的认知模式,因此还有进一步研究的空间。

第二节　研究价值

人类的感官体验有着共同的生理基础和心理基础,这就为人类语言的认知共性创造了条件。当然操不同语言的人有着不同的文化、社会背景,自然也存在认知差异。对汉英触觉范畴认知语义的对比研究,既要揭示共性,也要寻找差异,更要揭示语义演变的认知动因和规律。本研究的理论价值、应用价值和创新之处如下文所述。

一、理论价值

研究汉英触觉范畴词汇认知语义的共性和差异在理论层面的价值如下。

（一）有助于推动词汇类型学和语义类型学的深入研究

本研究在认知语义学的理论框架下,运用百科式的语义分析方法,对汉英触觉范畴三大词类——名词、动词和形容词的认知语义进行全面系统的分析并进行对比,是对触觉范畴词汇认知语义的一个比较全面的观照。不同于传统语义学词汇引申理论脱离语境的研究,也不同于现代语义学词汇扩大、缩小、转移理论的静态语义关系研究,本研究运用认知语义学的理论来探讨汉英触觉范畴词汇认知语义的演变路径、引申方式和语义演变的认知动因,以触觉范畴词汇认知语义为核心——而不是像多数研究那样以认知和隐喻为重心,对触觉范畴三大词类认知语义引申的规律和共性进行整体考察。

因此,对汉英触觉范畴词汇认知语义的对比研究,不仅能够丰富汉语和英语两种语言触觉范畴语义研究的成果,而且能够推动汉英两种语言词汇和语义的深入研究。这两种完全不同类型的语言触觉范畴词汇认知语义的对比研究,对词汇类型学和语义类型学有借鉴意义,可以推动词汇类型学和语义类型学的深入研究。

（二）有助于推动跨语言的理论对比研究

对汉英触觉范畴词汇认知语义的对比研究属于对比语言学范畴的理论研究。本研究在分析汉英触觉范畴名词、动词和形容词认知语义的基础上,总结归纳并揭示汉英触觉范畴词汇语义演变的路径、引申方式和语义演变中的认知动因,发掘词义引申过程中所涉及的隐喻或转喻模式,并深入探讨构成二者语义引申异同的成因。基于词典义项和语料库语料的分析,笔者发现,汉英触觉范畴词汇不同词类的语义引申规律基本相似,不同词类的引申方式则存在着明显差异。因此,本研究有助于全面了解汉英触觉范畴词汇的语义演变路径和引申方式,在某种程度上也有助于推动跨语言的理论对比研究。

（三）有助于深化对语言本质的认识

语言是人类最重要的交际工具和思维工具,也是一种社会现象。萨丕尔(Sapir)曾指出语言的本质就在于把习惯的、自觉发出的声音(或是声音的等价物)分派到各种经验成分上去。语言中单个有意义的成分不是单个知觉的符号,甚至也不是对某一事物的意念的符号,而是一个"概念"的符号。因此,可以说语言成分和人类的经验世界密切相关。

认知语言学认为语言和人类经验密切相关,能够反映人类如何通过自身体验来认识客观世界。本研究在具体对比分析汉英触觉范畴词汇认知语义异同的基础上从语言结构、语言接触、人类认知和文化心理等方面来阐释构成汉英触觉词汇认知语义共性和差异的成因,不仅有助于理解语言的社会性和普遍性,还有助于理解语言和人类社会经验的关系,深化对语言本质的认识。

二、应用价值

对比的目的是应用。触觉是人类生命开始时最先发展出来的一种感觉,是人类最发达的两种感官之一,而触觉词汇则是对人类通过触觉感知世界经验的记录,因此可以说触觉范畴词汇和我们的生活息息相关,使用频率也很高。因此本研究的成果就具有比较高的实用价值。

在对外汉语教学实践和国内的英语教学、汉语教学实践中,都会经常涉及触觉范畴的词汇。本研究的成果可以直接运用于具体的教学实践中,一方面可以为教与学提供丰富的语料与实例支持,另一方面认知语义可以帮助学习者更方便快捷地理解词汇语义,了解操汉英两种不同语言的人在触觉认知方面的共性和差异,以达到准确运用两种语言的效果。

本研究的成果还可以用于英汉翻译实践中。翻译是语言与语言之间转换的过程,在翻译的实践中,内容固然很重要,两种语言之间的差异也同样重要。本研究在汉英触觉范畴词汇认知语义共性和差异对比分析的基础上阐释了其成因,有助于译者根据译入语和源语的语言特点和文化特征选择最贴近、最自然的对等语来再现源语所传达的信息。

本研究的成果还可以应用于词典编纂中。不同的词典有着不同的编纂原则,有按历时顺序编辑义项的,也有按使用频率编辑义项的。从本研究的分析中可见,同一个词的原型意义在不同的历史时期有所不同,同一个词的义项有的是通过隐喻或转喻从原型意义衍生出来的,有的是通过语言接触从另外一种语言借入的。汉语中有些词从外语借入之后在自身语言系统内部又发生了一些变化,产生了一些附加意义,这些词的附加意义在词典中并没有体现出来。在汉语和英语的语言接触中,语言借用是避免不了的,因此本研究的成果可以为词典编纂提供有益参考,把从外语"借入"的语义和"借入"之后产生的新义都纳入词典编纂范围之内,不仅可以丰富词典内容,也可以帮助学习者更好地理解语义,从而提高语言使用的正确性。

三、创新之处

与已有的触觉范畴研究相比较,本研究的创新之处具体如下文所述。

(一)系统全面的研究内容

本研究内容的系统性和全面性体现在以下两方面。

一方面,笔者系统考察触觉范畴名词、动词和形容词三大词类的认知语义,而不是孤立考察其中某一词类的语义,力求揭示触觉范畴三大词类在语义演变路径和引申方式上的共性和差异。

另一方面,触觉范畴形容词部分,笔者以既有研究中少见的压觉形容词语义分析为重点,结合已有的温觉形容词和接触感形容词的研究成果,总结归纳触觉范畴形容词的语义演变路径规律,而不是像以往的研究只着重分析温觉域形容词、接触感形容词和压觉形容词中的一种或两种。

(二)综合运用的研究方法

本研究配合使用对比研究法、描写与解释结合法、共时与历时结合法等多种定性的研究方法,而不是偏重其中个别研究方法或是某两种方法。

对比研究法是基本研究方法,贯穿整个研究的全过程,第三章至第五章分别是对汉英触觉范畴名词、动词和形容词语义的对比分析。描写和解释结合法也是我们的一个重要研究方法,第三章至第五章主要运用描写法对汉英触觉范畴名词、动词和形容词的语义和语义引申中涉及的认知模式进行分析,第六章则是对汉英触觉范畴认知语义共性和差异的成因进行解释说明。

共时和历时相结合法也是本研究中用到的一个主要研究方法。考虑到共时研究注重语义演变的结果,历时研究注重语义演变的过程,笔者着重用共时研究法来分析汉英触觉范畴原型意义和衍生意义之间的关系、语义引申中涉及的认知模式,辅以历时研究法来分析汉英触觉范畴语义演变中的认知动因。

(三)跨语言对比的研究视角

本研究从跨语言的视角对比汉英触觉范畴语义体系,而不是局限于单一语言的分析研究。跨语言的对比,有助于理解触觉范畴词汇的普遍性特征和具体语言的特殊性,有助于深化对语言的本质的理解,对语义类型学和词汇类型学也有借鉴意义,有助于推动其深入研究。

第三节 研究范围、研究问题与研究方法

一、研究范围

下面笔者将详细阐述本研究的研究对象和语料范围。研究对象部分,既有对触觉范畴的界定,也有对具体的触觉范畴成员的选择;语料范围则分为汉英两部分语料的选择。

(一)研究对象的确定

1.触觉范畴的界定

触觉是皮肤等与物体接触时所产生的感觉,和视觉、听觉、嗅觉、味觉等一起构成人的外部感觉。英国语义学家乌尔曼(Ullmann)于1957年曾对19世纪的许多文学作品中的通感用法进行过详细的调查、统计和分析研究,其研究表明人类感觉的挪移方向是由低级移向高级,由简单到复杂,很少出现反向挪移的通感用例。乌尔曼的调查中包含了六种感官,按照从低级到高级、从简单到复杂排序如下:触觉、温觉、味觉、嗅觉、听觉、视觉。其中"温觉"是从广义的"触觉"中分离出来的,从触觉到其他感觉挪移的例子是最多的。乌尔曼所指的"触觉"其实是狭义的触觉,即刺激轻轻接触皮肤,触觉感

受器所引起的肤觉,而广义的触觉指的是由触、压的机械刺激和冷、热的温度刺激作用于皮肤的相应感受器,传入大脑皮层而引起的,包括狭义的触觉、温觉和痛觉等。已有的触觉词汇相关研究多采用狭义的触觉概念,以温度域词汇居多;本研究中的"触觉"并不是狭义的触觉概念,而是广义的触觉概念,包括温觉、狭义的触觉和痛觉等,因此本研究中的触觉范畴词汇也跟广义的触觉相关。

认知语言学中的"范畴"是个用途很广且含义模糊的术语,严格地讲,范畴指事物在认知中的归类,而概念则是指在范畴基础上形成的词语的意义范围。本研究以触觉范畴词汇为研究对象,确定触觉范畴词汇有以下几点供参考:

①根据词典释义判断,以《现代汉语词典》(第7版)为准;

②触觉名词对应的是触觉感知的主体,必须是人体的感觉器官;

③触觉动词对应的是触觉感知的动作行为,语义中必须包含"触""摸"等义;

④触觉形容词对应的是皮肤接触外界刺激物而引起的触觉感受,必须是和皮肤直接接触所引起的感觉,可以用来表达接触所产生的关于温度、形状、压力等的感觉。

2. 范畴成员的确定

根据原型范畴理论,某个范畴中最清楚、最具代表性的成员可以被认定为该范畴的原型,因此笔者在选择本研究中的触觉范畴词汇时尽量挑选出该范畴中具有原型效应的词汇。下面笔者将详细叙述本研究是如何确定触觉范畴内的某个典型成员为研究对象的。

(1)触觉名词

上文提到本研究中的触觉名词必须是人体的感觉器官。人体头部、面部、舌、嘴唇和手指等部位分布的触觉感受器是极为丰富的,以手指尖为最。不管是分布在人体的哪个部位,这些触觉感受器都存在于皮肤表面,属于皮肤的感觉,因此可以说皮肤是人体最大的触觉器官,约占体重的16%,总面积大小因人的高矮胖瘦而不同,成年人皮肤面积为 1.5～2 平方米①。因此,本研究的汉英触觉名词认知语义对比就以汉语中的"皮"类词和英语的 skin 为研究对象。

英语用 skin 来表示"人的皮肤",利用 Word Count 网站②提供的资源来查询英语词汇在生活中的使用频度,显示其频度顺序为 1455,是英语国家人们日常生产生活中的常用词。

在汉英翻译过程中,我们常常选择"皮肤"来对译 skin。这个双音节词中有两个构词要素:"皮"和"肤"。查看词源的话,我们发现《说文解字》中有"剥取兽革者谓之皮"。此间,"皮"为动词,后来"皮"用来指动物或植物体的表面的一层组织,《左传·新序·杂事》中有"皮之不存,毛将焉附?"。到汉代的时候,"皮"才可以用来指人的皮肤。而"肤"在产生之初就用来指人体表皮,随着汉语的发展,"肤"几乎不再单独使用,其意义已经囊括在"皮"字中,现代汉语中"皮"和"肤"连用构成双音节词"皮肤"。

之所以选择汉语"皮"类词和 skin 进行对比,而没有选择双音节词"皮肤",是因为汉语有一种独有的结构单位——字。汉字属于象形表意文字,造字系统比较封闭,字义也比较固定,所以汉字的引申和延用受到限制。陈宗明(2016)认为,中国的古代文献可以证明汉字记录的是汉语的词,这对古汉语来说当然说得过去,可是对现代汉语来说就说不过去了。古代汉语以单音词为主,有一部分单音词保留下来进入现代汉语,比如现代汉语中的常用动词就以单音词为主;而现代汉语词汇则有双音化的倾向,通过语素组合形成双音词或多音词,从词汇发展来看,现代汉语中的许多双音词取代了古汉语中的某些单音词或单音词的某些义项。现代汉语 90% 左右的词都是双音节词,还有大量的多音节词,这个时候我们再说汉字记录的是汉语的词就不大合适了,汉字符号记录的应该是汉语的语素,字符为汉字的能指,语素

---

① 赣南医学卫生学校. 皮肤科学[M]. 北京:人民卫生出版社,1981:1.
② 该网站是乔纳森·哈里斯(Jonathan Harris)开发的英语词频统计网站,详见后文"英语语料的选择"的介绍。本研究中所涉及的英语触觉词的词频均出自该网站,词频记录时间为 2018 年 6 月,后由于网站自身的原因,现在已经无法确定这些词的词频统计数字是否有细微变化。

为汉字的所指。

"皮肤"是在单音节词(单字词)"皮"的基础上发展出来的,其含义包含在"皮"的义项中。在现代汉语中,"皮"更多的时候用作构词要素,构成双音节词甚至多音节词,要弄清楚"皮"的内涵和意义在现代汉语语境下的拓展,就有必要考察那些含有"皮"的词语,因此我们在分析汉语触觉名词"皮肤"的语义时,有必要分析其中每个汉字符号所代表的语素的含义。现代汉语中"肤"的本义与双音节词"皮肤"的含义相同,引申可指人见识浅,这两种含义都存在于"皮"的语义中。

因此本研究中的汉语触觉名词语义部分就不再分析"肤"及含有"肤"的词的语义,仅分析"皮"和以"皮"为构词要素的合成词的语义,也就是说本研究中的汉语触觉名词部分以包含单音节词"皮"在内的"皮"类词为研究对象。

(2)触觉动词

本研究中的触觉动词对应的是触觉感知的动作行为,即这类词的语义中必定包含有"接触""抚摸"或"触摸"等义,能够表示触觉动作。本研究选择了触觉动词"摸"和"feel"作为触觉动词部分的研究对象。查阅《现代汉语常用词表》(第2版)发现"摸"的频度顺序为2013,查询英语词频统计网站Word Count发现feel的频度顺序为329,二者均为人们日常生产生活中的常用词。

1)汉语"摸"类动词

皮肤是最大的触觉器官,通过分布在皮肤下面的触觉感受器来接收物体方位和质感信息,以及对压力、冷热和疼痛的反应。其中面部和手部的触觉感受器分布最为集中,也最为敏感,因此本研究中的触觉动词都和手有关系,表示手的动作。汉语中跟手有关的触觉动词很多,《现代汉语分类词典》(苏新春主编,商务印书馆,2013年版)中列出了许多跟肢体动作相关的动词,如"触""按""拉""扯""拿""掀""抬""举""摸"等,可见汉语触觉动词语义场所包含的词是比较宽泛的。

因时间和篇幅有限,无法对这些触觉动词一一进行分析,这就需要寻找其中最为典型、具有代表性、常见的触觉感知动词,即"触"和"摸"。查阅《现代汉语常用词表》(第2版)发现"摸"的频度顺序为2013,"触"为6271,

可见,在讲汉语的人们日常生产生活中"摸"比"触"更为常用。

查阅《现代汉语词典》(第7版),"触"的义项有三个:"接触""碰;撞""触动;感动"。"摸"的第一个义项"用手接触一下(物体)或接触后轻轻移动"中就已经涵盖了"触"的前两个义项的含义。现代汉语中"摸"常常以双音节词的形式出现,如"触摸(词频13196)""抚摸(词频7818)"等。由于现代汉语中有许多由"摸"作为构词要素形成的双音节词,其语义中也包含了触摸动作或行为,所以本研究把"摸"类动词作为汉语触觉词研究对象。

从认知语义类型来看,"摸"类动词不仅可以用于表示触觉感知动作,还可以用于表示触觉感知结果。借助一些趋向动词构成动趋结构时还可以表示触觉感知体验。

2)英语的 feel

赵彦春、黄建华(2001)认为语言具有模块性,整个语言系统根据语义场和句法—语义特征,可以分为相互关联的众多模块,这些模块又构成一个复杂的层级体系。根据语义和次语类特征(sub-categorization features)可以把触觉感官动词分为三个模块:表示动作的感知动词模块、以主体为主语的感知动词模块和以客体为主语的感知动词模块,即感官动作动词、感官感知动词和感官联系动词三个模块。这三个模块,分别对应于主动型感官动词、体验型感官动词和描述型感官动词。表1-1列出了英语中常见的一些触觉感官动词。

表1-1中可见,feel 为英语触觉动词中唯一兼属动作动词、感知动词和联系动词三个模块的动词。palpate 表示触觉动作为主要用于"触诊",是医生用触摸的方法来进行体格检查的手段,以此了解身体的一些物理特征,为判断某个部位是否有病变提供直观依据,使用领域狭窄,仅用于医学,因此被排除在研究对象之外。词频统计网站 Word Count 显示 feel 的词频顺序为329,finger[①] 词频顺序为2998,handle 为2601,touch 为1539,可见 feel 为英语中最为常用的触觉动词。

---

　①　finger 既可以用作名词"(大拇指以外的)手指",也可以用作动词"触摸,抚摸"。Word Count 网站显示其词频顺序为2998,该数据并没有区分名词用法和动词用法,而且该词在几个常用触觉动词中的词频顺序中比较靠后,因此,不纳入本研究的研究范围,在此其词性也可以忽略不计。

表1-1 英语中常见触觉感官动词

英语触觉感官动词的分类	例词
主动型感官动词(感官动作动词)	feel,finger,handle,palpate,touch
体验型感官动词(感官感知动词)	feel
描述型感官动词(感官联系动词)	feel

之所以选择 feel 为英语触觉动词研究对象,而没有选择 touch,主要有以下两点原因:①feel 比 touch 更为常用。②feel 兼属感官动词的三种类型,既可以表示触觉感知动作,也可以表示触觉感知结果,还可以描述触觉感知体验;而 touch 只能表示触觉感知动作,不能用于表示触觉感知结果和触觉感知体验,从语义范围上来讲,无法和汉语的"摸"类动词对应,就不具备对比的可行性。

(3)触觉形容词

至于触觉形容词,本研究中的触觉是广义的触觉,包含温觉、狭义的触觉和痛觉,其中的触觉可以进一步分为接触感和压觉,因此本研究中的触觉范畴形容词就包括四类:温觉形容词、接触感形容词、压觉形容词和痛觉形容词。彭懿(2010)曾分别对 30 名英语本族语者和 30 名汉语本族语者(被试年龄在 20 岁到 49 岁之间)进行了问卷调查,要求被试按照使用频率排列生活中常用的温度觉形容词、接触感形容词、压觉形容词和痛觉形容词,其结果如表1-2 所示。

表1-2 汉英常用触觉形容词①

触觉形容词	常用触觉形容词	
	汉语	英语
温觉	热,冷	hot,cold
接触感	硬,软	hard,soft
压觉	重,轻	heavy,light
痛觉	痛	painful

---

① 彭懿.英汉肤觉形容词认知语义研究[D].长沙:湖南师范大学,2010:58.

笔者在《现代汉语常用词表》(第 2 版)和词频统计网站 Word Count 查询了表 1-2 中汉英常用触觉形容词的词频顺序,发现这些形容词确实是人们日常生产和生活中常常使用的触觉形容词,具体的频度顺序见表 1-3。

表 1-3　汉英常用触觉形容词词频顺序

触觉形容词语义场	汉语中常用触觉形容词		英语中常用触觉形容词	
温觉	热	696	hot	1125
	冷	1716	cold	816
接触感	硬	1319	hard	402
	软	2596	soft	1679
压觉	重	829	heavy	1076
	轻	1163	light	432
痛觉	痛	2407	painful	4433

因此本研究中所指的常用触觉形容词就以表 1-3 为准。由于篇幅有限,后文形容词语义部分着重讨论汉英压觉形容词的认知语义,温觉形容词和接触感形容词的认知语义不做具体的分析;在本研究中汉英压觉形容词认知语义分析的基础上,借鉴已有研究成果中关于汉英温觉形容词和接触感形容词语义演变规律和语义引申方式的结论,总结归纳汉英两种语言触觉形容词的语义演变规律和语义引申方式。

痛觉形容词的语义并没有包含在本研究之内,一是由于篇幅有限,二是由于痛觉是一种特殊的触觉,存在于皮肤感觉和内脏感觉中,它通常不会单独出现,而是和其他一种或多种感觉糅合在一起,形成一种复合感觉,并不像温觉、接触感和压觉那样是比较单一的感觉。

(二)语料范围的选择

1. 汉语语料的选择

本研究汉语语料主要有线上资源和线下资源两类。线上资源主要是北京大学中国语言学研究中心(Center for Chinese Linguistics PKU)的汉语语料库①,线下资源主要是《现代汉语词典》(第7版)和《现代汉语常用词表》(第2版)②。

本研究中所涉及的汉语触觉名词、动词和形容词及相关词汇均源于《现代汉语词典》(第7版)和《现代汉语常用词表》(第2版)。《现代汉语词典》(第7版)是商务印书馆于2016年9月新出版的词典工具书,在旧版本的基础上做了不少的增补和删除,还对700多条词语的释义等进行了修订,是对2013年国务院公布的《通用规范汉字表》的全面落实,更能够反映出现代汉语词汇的新面貌,因此是本研究汉语语料的一个重要来源。

《现代汉语常用词表》(第2版)是在《现代汉语常用词表(草案)》基础上修订而成,于2015年启动,历时5年,增补了随语言发展而新产生或趋于稳定下来的通用词语,删除已经不太使用的冷僻、罕见、陈旧或语用、表义不适宜的词语,更改、修订、替换了不合规范、不准确或不统一的词形、读音、标示,并重新排列确定词表内所有词的使用频级,最终于2020年9月完成并通过专家鉴定,2021年8月正式出版。③ 之所以选择《现代汉语常用词表》(第2版)为语料来源之一,是因为它所收录的56790个词涵盖范围广,不仅收集了书面词语,还兼顾了口语词语,以及大众传媒常用的行业性和历史性词语;虽以单音节词和双音节词为主,但也包含多音节词和一些常用的熟语。《现代汉语常用词表(草案)》在编辑修订的时候就与众多常用汉语词典、"现代汉语通用语料库"、《人民日报》分词标注语料库和厦门大学的现当代文学作品语料库等所收词语进行了比对并进行词频统计,词频统计能够清楚地告诉我们这些词在当代社会语文生活中的使用频度;第2版在修订的时候更是增加了《中国语言生活状况报告》2015—2019年间的词语表、《现代汉语词典》、《现代汉语分类词表》等语料,所收录的词以实际社会生活的语用状况为主要依据对象,能够最真实地反映语言使用实况。

之所以选择CCL汉语语料库作为汉语语料来源,是因为它集现代汉语

---

①　简称CCL汉语语料库。

②　简称《词表》。

③　李行健,苏新春.现代汉语常用词表[Z].2版.北京:商务印书馆,2021:671-674.

语料库检索和古代汉语语料库检索为一体。本研究对汉英触觉范畴语义的对比分析不仅包括共时语义延伸的研究,还包括历时语义演变的研究,因此所需语料除了现代汉语语料之外,还需要古代汉语的语料。该网站中现代汉语语料库语料选材类别广泛,时间跨度大,主要收录 1696 部作品共计 5 亿多字的语料;古代汉语语料库包含从周朝至清朝共计约 2 亿字的语料,《四库全书》中的大部分资料都被收集在内,不过语料库未经标注。

2. 英语语料的选择

英语语料来源主要是《牛津高阶英汉双解词典》(第 9 版)①(The Oxford English-Chinese Dictionary)、《牛津英语词典》(第 2 版)②(The Oxford English Dictionary)、英国国家语料库(British National Corpus)③和 Sketch Engine,它们的共性在于语料都是英国英语的再现。词典类以《牛津英语词典》(第 2 版)为主,《牛津高阶英汉双解词典》(第 9 版)为辅。前者为研究型词典,后者为学习型词典。

之所以选择《牛津英语词典》(第 2 版)作为英语触觉范畴词汇释义的主要来源,是因为该词典是公认的英语语言的权威,由牛津大学出版社于 1989 年出版。该词典收录了所有讲英语的国家的大约 60 万的英语词汇,收词广泛且全面,按照从古到今的顺序排列,可以说是一部英语史词典。作为一本英语史词典,它不仅关注词汇的现代意义,还关注其词汇的历史,把那些古旧的、罕见的用法也都收录在内,语料来源比较丰富,不仅有古典文学、专业期刊、电影剧本,甚至还有些语料来自烹饪书籍。该词典不仅适合高级英语学习者使用,而且非常适合词义研究使用,是一本研究型词典。

之所以选择《牛津高阶英汉双解词典》(第 9 版)是因为该词典由《牛津高阶英语词典》(Oxford Advanced Learner's Dictionary,该词典符合非英语母语的英语学习者的特殊需要)最新版本翻译而来,由商务印书馆与牛津大学出版社合作于 2018 年出版,其中全新标注牛津 5000 词和牛津学术英语词汇,为世界公认的权威英语学习型词典,销量在同类词典中也遥遥领先。

---

①　简称《牛津高阶》。
②　简称 OED。
③　简称 BNC。

英国国家语料库是目前世界上最具代表性的当代英语语料库之一,语料搜集来源广泛,集口语和书面语为一体。书面语语料主要来源于地方和全国性报纸、专业杂志、学术专著和通俗小说、发表和未发表的信件和备忘录、学院和综合性大学的论文及许多其他类型的文本;口语语料主要是经过正确转写的非正式谈话以及在不同语境中收集的口语语言。

Sketch Engine 则是一款在线的语料管理和分析软件,包含 400 个现成的语料库,涵盖的语言种类超过 85 种。该软件是探索语言使用的有效工具,通过分析数十亿的文本语料来识别典型的、不寻常的或新兴的用法,因提供真正具有代表性的语言受到世界各地词典编纂者、译者、教师和学生的广泛喜爱。其英语语料支持来自英国国家语料库。

触觉范畴包含的词汇颇多,尤其是触觉动词和触觉形容词,并不是封闭的词类,因此本研究需要筛选出有代表性的、人们日常生产生活中常用的词汇。关于英语的词频统计,本研究使用了词频统计网站 Word Count。该网站提供了大约 86800 个最常使用的英语单词的使用频率,不仅列出了每个单词的排名,而且以可视化的方式给读者展示了人们对语言的使用情况。它把每个单词按比例缩小,能够反映该词与前一词和后一词的相对频率,单词看起来越大,使用频率就越高;反之,单词看起来越小,使用频率就越小。Word Count 数据均来自英国国家语料库,样本范围广泛,不仅有书面语,还有口语,旨在能够代表当前英语用法的一个精确的横截面。

二、研究问题

本研究的目的是通过对汉英触觉范畴语义延伸和语义演变的细致分析和对比,发现异同并从认知语言学的角度阐释造成差异的原因。具体的研究问题如下:

①汉英触觉范畴名词、动词和形容词的认知语义存在的共性和差异分别是什么?

②汉英触觉范畴的认知语义引申路径是什么? 不同词类之间在语义引申方面是否存在共性?

③汉英触觉范畴认知语义引申过程中涉及什么认知模式? 是否存在与

Balmas(2000)所提出的隐喻模式不同的认知模式?

三、研究方法

本研究主要采用定性的方法来研究汉英触觉范畴的认知语义,具体的研究方法如下。

(一)对比法

只有通过对比,我们才能鉴别并认识事物的本质。本研究的基本研究方法是对比法,运用对比法分析探讨汉英触觉范畴认知语义的异同。具体说来,本研究按照词类分析汉英触觉范畴名词、动词和形容词的认知语义,每个词的语义可以划分为原型意义和衍生意义,衍生意义通过隐喻或转喻的方式由原型意义衍生而来;在词典语义和语料库语料的基础上对汉英触觉范畴认知语义进行细致分析,绘制语义网络图,总结归纳汉英触觉范畴在原型意义、衍生意义和认知模式方面存在的异同,揭示汉英触觉范畴语义引申规律和引申方式上存在的异同。

(二)共时和历时相结合

本研究采用共时和历时相结合的研究方法。文中大部分研究为共时研究,如对汉英触觉范畴认知语义的分析,这种分析都是对该范畴词汇语义历时演变结果的分析。为了揭示汉英触觉范畴语义演变的规律和引申方式,我们也尽量探讨汉英触觉范畴语义的历时演变。共时研究和历时研究相辅相成,共时研究主要关注语义演变的结果,聚焦原型意义和衍生意义之间的关系;历时研究主要关注语义演变的过程,聚焦语义演变的认知动因。

(三)描写和解释相结合

本研究属于对比语言学的理论研究范畴。要对汉英触觉范畴认知语义进行对比,首要工作是对其语义进行细致的描写,详尽而细致的描写为对比分析奠定了坚实的基础。然而作为理论研究,不能仅停留在对语言现象的描写上,因此,本研究在对汉英触觉词的语义进行细致的描写和分析的基础上,比较异同,并深入探讨造成异同的原因。描写和解释相结合,对语义的细致描写分析,辅以成因阐释,能够使本研究更加全面和深入。

第四节 研究思路

本研究以认知语义学的原型范畴和理想认知模型(ICM)为指导,以词典和语料库作为语料来源,对汉语和英语中的触觉范畴词汇的认知语义进行描写分析,在此基础上对比触觉范畴认知语义的演变路径和引申方式,发掘汉英触觉范畴在原型意义、衍生意义和认知模式方面存在的异同,并从语言结构因素、语言借贷因素、人类认知因素、自然环境和文化因素的角度阐释汉英触觉范畴词认知语义共性和差异的成因。全文共分为四部分,具体如下:

第一部分是绪论,陈述本研究的选题缘起、研究价值和创新之处,描述本研究的研究范围、研究问题和研究方法,并对本研究的研究思路做以介绍。

第二部分包括四个章节。第二章主要回顾相关文献并介绍本研究的理论框架,梳理相关研究,发现既有研究存在的问题和不足之处。第三章到第五章分别为汉英触觉范畴名词、动词和形容词的认知语义对比研究。

第三章的研究主题为汉英触觉范畴名词语义。文中选择了触觉器官名词,以人体最大的触觉器官——皮肤为研究对象。具体而言,选择汉语的"皮"类词和英语的 skin 为研究对象,首先对皮肤与人的生理、心理的关系和皮肤的功能进行了分析,然后结合词典语义和语料库的语料详细分析了"皮"类词和 skin 的认知语义,在历时语义演变分析的基础上绘制了语义网络,在此基础上,对比二者在原型意义、衍生意义和认知模式方面的异同,挖掘二者在语义演变路径和语义引申方面的异同。

第四章的研究主题为汉英触觉范畴动词语义。文中以汉语和英语中的常用触觉动词——"摸"类词和 feel 为研究对象。本章把触觉动词的认知语义分为四类:动作感知义、结果感知义、描述型感知义和非感知义。其中动作感知义和结果感知义均可以用于物理域和心理域。文中从共时的角度具体分析了"摸"类词和 feel 的语义和语法表现,在历时演变的基础上绘制了"摸"类词和 feel 的语义网络图,并分析了"摸"类词和 feel 的语法化过程及其认知动因。详尽的描写为"摸"类词和 feel 的语义对比分析打下了坚实的基础,文中从原型意义、衍生意义和认知模式三个方面对比了二者认知语义上存在的异同,挖掘二者在语义演变路径和语义引申方式上的异同。

第五章的研究主题是汉英触觉范畴形容词语义。触觉形容词分为四个语义场:温觉、接触感、压觉和痛觉。由于篇幅有限,文中并没有面面俱到地对触觉形容词的每个语义场进行详细分析,而是选择了压觉形容词的语义进行分析。温觉词和接触感词的语义有不少既有成果可以借鉴,痛觉词因为其特殊性也被排除在研究范围之外。文中分别选择了汉语和英语中正好意义上相反的压觉形容词作为研究对象。首先在词典语义和语料库语料的基础上对这"轻"类词、"重"类词、light and heavy 的认知语义进行了详细的描写分析,绘制了语义网络图,然后从原型意义、衍生意义和认知模式三个方面进行了对比,挖掘它们在语义引申中所涉及的认知模式,揭示其语义演变的路径和语义引申的方式。

第三部分即第六章,探索汉英触觉范畴认知语义异同的成因,主要从语言结构因素、语言借贷因素、人类认知因素、自然环境和文化因素四个方面对造成汉英触觉范畴认知语义共性和差异的原因进行阐释。

第四部分是结语,总结前文内容,汇报本研究的结论,并指出本研究存在的不足和未来可以进一步研究的方向。

第二章　文献回顾与理论框架

第一节　文献回顾

学界关于触觉词的研究成果总的来讲并不如视觉词和味觉词那么丰富,但自 2006 年以来,触觉词研究成果显见增多。下面笔者将对学界关于触觉词的研究进行系统的梳理,从触觉词语义相关研究和触觉词语法相关研究两方面加以评述,并指出既有研究的特点和存在的不足之处,以期为未来研究提供新的研究方向。

一、触觉词语义相关研究

历代语言学家们从未停止过对词义的探讨,硕果累累;进入 21 世纪以来,现代语言学理论日渐成熟,信息论、认知科学等学科的迅猛发展也促进了语义学的发展,词汇语义的研究也取得了巨大的进步。仅就触觉词的语义研究而言,研究队伍在壮大,研究成果也日渐丰富。除了运用义素分析法来研究触觉词的语义之外,还引入了认知语言学这种新的研究范式;除期刊论文和专著之外,还出现了一批硕士、博士学位论文,给触觉词的研究队伍注入一股新生力量。

(一)汉语触觉词语义研究

对汉语触觉词研究最多的就是它的语义问题,从传统语义学角度对汉语触觉词进行的研究并不多,主要有任晓艳(2006)、颜玉君(2014)、潘玲珊(2015)和刘夏(2017)等。

对汉语触觉词语义的研究主要集中在温度词方面,较早的如任晓艳(2006)将现代汉语的温度感觉词分为四大词族——热、温、凉和冷,从义系、词族、语义场三个角度研究了温度感觉词。再如潘玲珊（2015）以"寒"为研究对象，对该词在古今字典和辞书中的释义加以梳理和分析，提炼各义项的义素特征，论述各义项之间的引申关系。在此基础上分析了温度、道德和审美语义场中的以"寒"为构词要素的词，阐释隐藏在其语义内涵中的中国传统的"敬寒""尚寒"和"美寒"文化。

除了温度词的研究，还有关于痛觉词和狭义触觉词的研究，但是数量较少。刘夏（2017）着重于狭义触觉词的研究，颜玉君（2014）聚焦痛觉词的研究。颜玉君（2014）着力于考察一组同义词"疼"和"痛"的历时演变和共时地域分布，探索这两个同义词在历史上的兴替规律、地域分布差异和引申义的发展轨迹。作者认为"疼"和"痛"在词义扩展演变方面都遵循着"由外至内"的规律，都是由具体可见的外部刺激造成的身体上的疼痛或痛楚引申至心理上强烈的或是持久的负面情绪。这一词义扩展演变规律，均是以身体外部感受为始源域，以心理感受为目标域，正好说明了人类以概念隐喻的方式来表达抽象的感知世界的认知过程。

这些传统语义学角度的触觉词语义研究以温觉词为主，侧重于描写，兼有对文化内涵的阐释。

随着现代语言学理论的日益成熟，认知语言学、类型学的标记理论等被引入汉语触觉词的研究，如梁祺珊和黄月华（2014）、韩可（2015）、陈萌（2019）均对触觉形容词的多义现象和隐喻进行了梳理和分析；张立红（2013）、李梦璐（2015）、严崇云（2020）则运用认知隐喻、标记理论等现代语言学的理论对触觉形容词进行了研究；有些研究还综合运用了传统的义素分析法和认知语义分析两种手段，如王新玲（2010）、程洋（2011）、完剑秋（2014）和胡俊（2015）等。

张立红（2013）从认知隐喻的角度考察了四个温度词"热、冷、温、凉"的历时语义演变，并对四个温度词做了横向比较，描写四个温度词语义历时演变的异同，并从认知的角度做出解释。李梦璐（2015）从共时和历时两个角度，系统描写并考察了"软/硬"这一组意义相反的形容词在词汇层面、修饰与被修饰层面、句法层面的对称和不对称现象，深入分析不对称现象产生的原因和理据。其研究以标记理论为主，辅以隐喻理论。

　　王新玲（2010）、程洋（2011）、完剑秋（2014）、胡俊（2015）、严崇云（2020）的研究则综合了传统语义学的分析方法和认知语言学的研究范式。王新玲（2010）认为基本触觉形容词具有概括性、多义性和模糊性的特点，以基本触觉形容词"冷/热""软/硬"的义征分析为基础，探讨触觉形容词的语义衍生规律。她认为触觉形容词的意义除了描述生理现象之外，还可以引申到心理现象，从具体域映射到抽象域，因此她还研究了触觉形容词的通感式隐喻、触觉形容词模糊性及其语用功能。程洋（2011）从词汇语义和认知的角度研究触觉感官词，结合历时研究和共时研究，探讨触觉词词义演变和延伸。其研究涵盖了触觉感官名词、动词和形容词三大词类。对触觉名词的研究，作者以"皮"和"肤"为研究对象，不仅分析其本义，而且讨论了建立在容器隐喻、情感隐喻和颜色隐喻基础上的触觉器官名词的意义引申和拓展。作者以触觉动词"摸"为典型分析其词汇语义，并以"摸"为枢纽从内层语义角色、外层语义角色和情态范畴三个层面上进行义场建构。作者把触觉形容词分为触压觉、温度觉和痛觉三个语义场，但仅选取了触压觉语义场中"轻/重""松/紧""软/硬"这三组语义相反的形容词来进行详细的阐释。完剑秋（2014）不仅从传统研究的角度考察了现代汉语温度词的语音、结构和属性，而且运用认知语言学的隐喻和转喻理论对"冷寒"词族、"热"词族、"暖温"词族和"凉"词族进行认知分析，比较异同。胡俊（2015）以文学作品中触觉通感隐喻的使用为例，论述了触味相通、触嗅相通、触听相通和触视相通等痛觉通感的表现形式，探究触觉通感隐喻背后的认知建构条件：人类五大感官域之间的认知相似性和认知的凸显性。

　　还有一些与汉语触觉词语义相关的研究散见于汉语感官词的研究中，如徐小波（2005）、徐琼（2008）、董宏等（2015）、马赟（2007）、曾石飞（2011）、娄爱华（2006）、王家璐（2011）、侯博（2008）、吴芳（2006）等。这些研究也都从传统语义学或是认知语言学的角度，对汉语触觉词进行了历时研究、共时研究或兼顾历时和共时的分析。

（二）英语触觉词语义研究

1. 国外研究

国外关于英语触觉词语义的相关研究并不多，专门考察英语触觉词的有巴尔马斯（Balmas, 2000）的研究，斯威策（Sweetser, 1990）和拉科娃（Rakova, 2003）的研究中均涉及英语触觉词。

巴尔马斯（2000）考察了英语中的触觉隐喻，提出以触觉为始源域可以隐喻映射到理解域、情感域、其他感官域等目的域。他首先以形容词 tangible 和 10 个动词（catch、grasp、grip 等）为例，讨论了莱科夫、约翰逊（Lakoff & Johnson, 1980）提出的隐喻映射"UNDERSTANDING IS GRASPING（理解即掌握）"。他反对斯威策（1990）把视觉作为物体感知的最重要的始源域的观点，认为触觉在感知方面的作用更大，分析了从触觉域到其他感官感觉的隐喻映射：SEEING IS TOUCHING（看到即摸到），HEARING IS TOUCHING（听到即摸到）和 SMELLING IS TOUCHING（闻到即摸到）。巴尔马斯还提出了与触觉和情感相关的两种隐喻：EMOTIONAL EFFECT IS PHYSICAL CONTACT（情绪效应即物理接触）和 EMOTIONAL QUALITY IS TACTILE QUALITY（情绪特征即触摸感觉）。

斯威策（1990）在《从语源学到语用学：语义结构的隐喻和文化内涵》（*From Etynology to Pragmatics：Metaphoric and Cultural Aspects of Semantic Structure*）一书第二章专门考察英语和其他印欧语言中的知觉动词在词源和词义引申方面的规律。她认为人的观念系统是建立在日常经验的基础上的，人和所视物之间可保持一定距离，有了距离才能客观地认识事物，没有距离的触觉味觉只能产生主观感受，因此触觉味觉的主观性强，跟感情相联系。

拉科娃（2003）讨论英语中双功能和通感形容词的多义问题时涉及触觉形容词 soft、sharp、dry 和 cold。她认为，诸如 hot 和 sharp 这一类触觉形容词，反映了人类最基本的身体体验，当然也是典型的双功能和通感形容词。

2. 国内研究

国内英语触觉词语义研究的成果有：梅进丽（2007）、朱东华（2010）、覃修桂和李颖杰(2014),都是从概念隐喻的角度对温度域形容词进行的研究。

梅进丽(2007)以多义词 hot 为例分析隐喻认知在词义扩展中的作用,意在说明用认知的方式来研究一词多义可以有效提高词汇教学的效率,增加词汇学习的趣味性。朱东华(2010)、覃修桂和李颖杰(2014)均采用了认知语言学的意象图式理论和隐喻理论对温度域形容词的多义性进行了分析。后者提出,基于意象图式的隐喻投射,英语温度域形容词形成了一个由三个层次构成的概念隐喻系统:温度喻事体的状态、温度的高低喻事体状态不同的强烈程度、温度的变化喻事体状态的变化。

(三)汉英触觉词语义对比研究

触觉词汉外对比的研究成果可以说是汉语触觉词研究的核心部分,最常见的是汉英对比的成果,如朱志美(2008)、郎姗姗(2008)、谭丽萍(2009)、罗尉(2010)、彭懿(2010)、唐树华和董元兴等(2011)、李丽虹(2012)、文阳(2013)、雷丹和覃修桂(2013)、韩睿子(2015)、张维娜(2015)、李杨(2015)、熊黎(2015)、马春花(2015)、陈士芳(2022)、杨惠津(2021)等。

彭懿(2010)采用定性研究的方法对英汉肤觉形容词的语义和语法规律进行了分析研究,结合丰富的语料,运用认知语言学的理想认知模式理论,从词汇概念、性质,肤觉形容词和名词的组合以及与肤觉形容词相关联的基本认知模式等三个方面对 8 个典型的肤觉形容词(hot、cold、hard、soft、"热""冷""硬""软")的共时语义进行了比较研究,并解释英汉肤觉形容词与其他相关经验概念化的异同和成因。作者认为英汉肤觉形容词分别反映了两个主要的、相互存在一定矛盾的语义变化路径,还着重比较了 keen 和"锐"的历时语义发展,给出了引发该矛盾的相对合理的解释。作者通过对英汉肤觉形容词认知语义学研究发现:体验性和典型性是英汉肤觉形容词的两个主要特征,英汉肤觉形容词的语义具有主观化趋势,英汉肤觉形容词呈现出动词化趋势。

唐树华、董元兴和李芳(2011)采用来自英国国家语料库和北京大学现代汉语语料库的语料,对汉英温度域形容词谓语句的主体分布和构式特征进行了系统的对比分析,证明了词类、构形和谓语句构式差异也是导致跨语言对比过程中隐喻拓展特征差异的主要因素。作者认为,英语温度域形容词的隐喻拓展受到认知机制和语言系统两方面的限制,而汉语温度域形容词的隐喻拓展则更多地依赖词汇和句法手段。文献中常提及文化和原型图式的差异是构成汉英隐喻差异的原因,该研究为我们寻找跨语言对比中隐喻拓展差异的多方面原因提供了新思路,在某种程度上能够解释对比过程中发现的某些隐喻不可能实现的原因。

李丽虹(2012)首次成功地将认知语言学、文化语言学和混沌学理论运用于汉英触觉词的研究。她以义域为基本单位,对汉英温觉词的语义异同进行了深入的比较和分析。她认为,汉语温觉词更倾向于直接由温度域引申到态度、环境、心理感觉等域,有时还可引申到药性体质域,而英语温觉词则更喜欢沿着通感隐喻的方向发展,即先投射到听觉域、视觉域、味觉域、嗅觉域,然后再进一步向其他域投射。作者从认知、文化和语言本身三个角度对汉英温觉词的异同进行静态解释,语义相通的一个重要原因是中西相似的主客观世界、相同的生理和心理机制,语言接触也会导致两种语言温觉词语义的相似性;语义分歧的产生有中西自然环境和文化传统差异的因素,也有思维方式不同的原因,并解释隐藏在汉英温觉词语义异同背后的原因,更有汉英词汇本义对引申义的"俯瞰"作用、汉语词汇音节数量对词语组合的制约作用。作者还运用混沌学理论对汉英温觉词词义发展的规律进行了动态解释,从中清晰地发现汉英温觉词语义演变中的分叉现象、蝴蝶效应、奇异吸引子、平衡与平衡破缺、语义演变顺序的混沌性。

上述汉英触觉词语义对比研究多是从认知语言学概念隐喻角度开展的,多以温度域形容词为研究对象,鲜见接触域和压觉形容词的研究,更不用说痛觉形容词的相关研究了。除了概念隐喻理论,还有一些研究者把文化语言学理论、混沌学理论(如李丽虹,2012)和构式语法理论(唐树华等,2011)运用于汉英触觉词对比的研究中,从文化和构式的角度揭示词义演变和拓展差异的成因,以混沌学理论来解释词义发展演变中的一些现象。

还有一些关于汉英触觉词对比的研究散见于汉英感觉词引申义的对比研究中,如李敏(2000)、刘珍(2004)、邓奇(2018)。李敏(2000)侧重考察汉英感觉词引申义的异同,解释产生异同的原因。作者认为,由于人类生理具有一致性,思维具有普遍性,所有汉英感觉词的引申义有不少重合现象;由于汉英两种语言反映的是不同的文化和说不同语言的人的不同思维方式,所以汉英感觉词的引申义存在不可理解的差异;当然汉英感觉词引申义还存在一些可理解的差异,这些并不是由思维或文化造成的。刘珍(2004)则侧重研究"通感"在感觉形容词语义转移中所起的作用,认为在理解通感形容词的语义延伸时要把文化因素考虑进来。邓奇(2018)则根据原型范畴理论对比英汉感知形容词的原型和范畴化,通过认知语法和概念基块阐释英汉感知形容词在原型和范畴化上的共性和差异。

二、触觉词语法相关研究

关于触觉词语法的研究,仅有一篇,即郑贵友(1997)的《"触觉感知类"句子中动宾双系形容词状语——汉语状位形容词的思考》。作者讨论了以"触""摸"为代表的感知类动词,从"触觉感知类"句子的结构特征、构件联系、感知形态与客体形态三个方面论述了"感知类"句子中的动宾双系形容词状语(A 状)以及与之相关的句法、语义问题。

三、既有研究的特点和存在的不足

综上所述,进入 21 世纪以来,随着现代语言学理论的日趋成熟,触觉词的研究队伍日益壮大,研究成果也愈加丰富。已有的触觉词研究呈现出以下特征:

从研究成果来看,作为感官词的一种重要类型,汉语触觉词的研究成果虽不如味觉词、视觉词那么丰富,但从图 2-1、2-2、2-3 可以看出,触觉词已经开始逐步受到研究者的关注,尤其是 2005 年以来,汉语触觉词的研究成果明显开始增多。从前面的文献回顾可知,触觉词汉外对比的研究成果也自 2006 年以后开始明显增多。

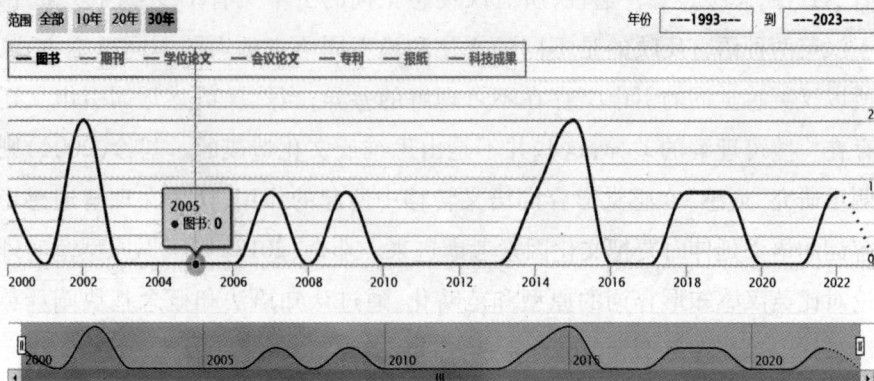

图2-1　触觉词专著研究成果趋势（来自"超星发现系统"）

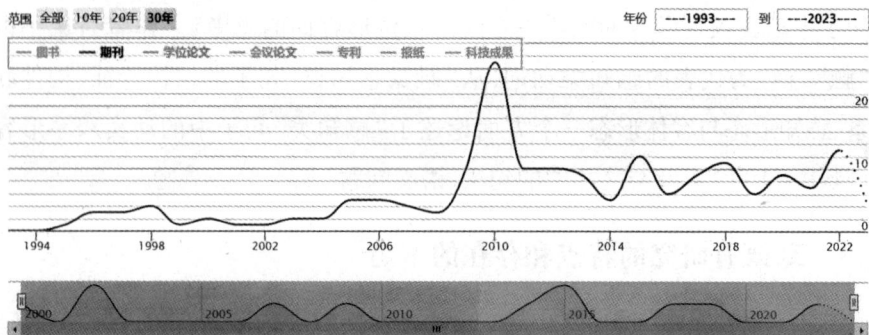

图2-2　触觉词期刊论文成果趋势（来自"超星发现系统"）

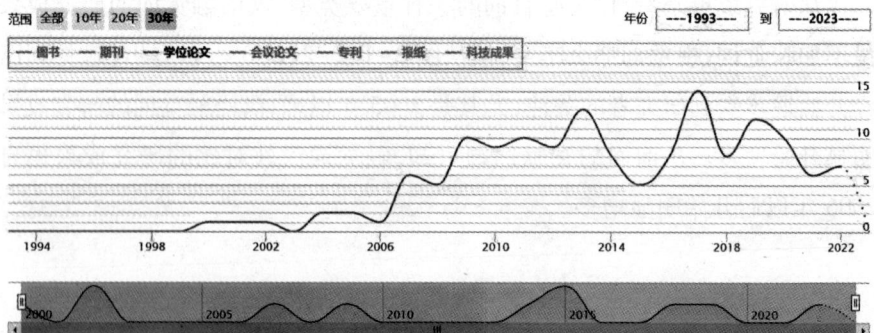

图2-3　触觉词学位论文成果趋势（来自"超星发现系统"）

从研究对象来看,汉语触觉词研究多聚焦于温觉语义场形容词的研究,汉外对比方面的研究也不例外,而对接触域、压觉和痛觉域形容词的研究则较为少见或缺失,触觉名词和触觉动词的相关研究更是少见。汉英触觉形容词的对比研究,以认知相关研究居多,多集中在概念隐喻上,也有部分研究关注通感现象;除此之外,还有研究者运用混沌学的理论(如李丽虹 2012)和构式语法理论(如唐树华等 2011)来解释构成汉英隐喻差异的原因。

已有的触觉范畴语义研究存在以下问题:

第一,研究不够全面和系统。已有的研究大多只研究触觉形容词的某个语义场(主要是温觉语义场),或者只研究某个语义场的某些词的用法(如"冷""热"等);不管是传统的义素分析法,还是从认知角度开展的研究,鲜有研究能够同时兼顾触觉形容词的三个语义场,彭懿(2010)关于英汉肤觉形容词的认知语义研究也只是关注了温觉和接触感两个语义场;从词类上来讲,已有研究均关注到触觉形容词,鲜有研究能够同时关注到触觉名词和触觉动词;因此,可以说现有的触觉词研究还不够全面、不够系统。

第二,英汉触觉词的对比研究还不够深入。虽然自 2006 年以来,汉语触觉词研究逐步受到学界的关注,但是从已有的研究成果来看,在汉英触觉词语义对比方面依然存在研究不够深入的问题。多数研究仅仅局限于两种语言概念隐喻的对比,比较投射域的异同,鲜有研究关注其中涉及的认知模式,彭懿(2010)的研究虽然比较了与英汉两种语言中 8 个典型的肤觉形容词相关联的基本认知模式的异同,但解释部分偏少,其重点还是求"同",仅总结了英汉肤觉形容词语义发展过程中的一些共同性特征。

第三,已有的研究结果的解释还不够深入。已有的研究大部分聚焦于概念隐喻,缺乏对差异的适当解释,有些学者尝试对汉英触觉词的认知语义差别做出了解释,如李丽虹(2012)用认知语言学、文化语言学和混沌学的理论对汉英温觉词的语义差异进行了解释,但是其中有些解释有牵强之嫌,解释力度还不够;唐树华等人(2011)从构式的角度解释英汉隐喻拓展的差异,为我们提供了新的解释思路。

第二节　理论框架

本研究是认知语义学视角下的汉英触觉范畴词汇语义对比研究,必然会涉及一词多义现象和认知语言学的原型范畴理论、认知模式理论等,因此在该部分进行专门阐述。

一、一词多义

一词多义是人类语言中普遍存在的现象,这种现象体现了人类语言的经济性原则和认知经济性原则,因此也一直是语言学家关注的研究热点之一。传统语言学在分析一词多义现象时更强调语言系统的内部机制,强调语言结构;而认知语言学的观点则不同于传统语言学,突破了传统语言学的束缚,从人类的认知过程来重新认识语义和一词多义现象,在人类对外部世界的体验、感知和概念化的基础上研究语言。

认知语言学从人类认知过程的视角对一词多义现象进行了不同的阐释,当语义同时出现在多个范畴中时,就形成了一词多义;当语义呈现出百科全书式的知识时,就形成了框架和理想认知模式。认知语言学对一词多义现象的阐释主要有范畴观、框架观和概念合成观,详见表2-1。其中范畴观是多数认知语言学家都认可的,范畴观把词义当作语义范畴,认为一个词的不同义项就是相应范畴的不同成员,成员义项之间的联系以基本的认知原则为理据。

表2-1　一词多义的范畴观、框架观和概念合成观①

一词多义	理论出发点	主要观点	涉及的认知机制	语境因素
范畴观	词义之间关联的性质,词义扩展机制词义范畴属于原型范畴	词义之间通过某种认知机制联系起来	抽象化、具体化、隐喻、转喻和意象图式等	各义项固化在长时语义记忆之中,未专门考虑语境因素

---

① 李福印.认知语言学概论[M].北京:北京大学出版社,2008:223-224.

续表2-1

一词多义	理论出发点	主要观点	涉及的认知机制	语境因素
框架观	义项的区分	词义的不同由框架中概念槽的凸显程度不同和填充项的填充内容不同造成	框架、概念槽、填充项、凸显	未专门考虑语境因素
概念合成观	新词义的产生机制	一词多义不是某个词的专有属性,而是概念合成过程的必然产物	概念合成、选择性投射	概念合成是一个实时的意义建构过程,意义的产生受语境影响

泰勒(Taylor)的语义链(meaning chain)、莱科夫(Lakoff)的散射范畴(radial category)和兰盖克(Langacker)的网络模型(network model)是认知语言学对一词多义现象的代表性研究成果,都认为词义范畴属于原型范畴;词义之间是通过某种认知机制(例如,抽象化、具体化、隐喻、转喻和意象图式)联系起来的(李福印,2008:218)。在语义链中,从原型开始向下进行语义的衍生拓展,每一个词义都与后一个词义紧密相连,但是随着语义链的延长,衍生意义就离原型越来越远。假如我们把语义链中的原型意义称为词义1,衍生意义称为词义2,词义3……词义n,n 所示的数字越大,那么该衍生意义就离原型词义1越远,有的时候很难从衍生意义n中找到和原型之间的联系。莱科夫的散射范畴中,衍生意义以原型意义为中心向外辐射,这些衍生意义与原型意义之间存在着直接的联系,距离中心原型意义项近的衍生意义的原型性就比较高,反之则原型性低。兰盖克的网络模型认为,多义词的各个义项通过范畴化关系形成一个网络,有些处于更加中心的位置,或者更具备原型性。兰盖克(Langacker,2007:36)在这种网络模型中存在两种不同的范畴化关系——阐释关系和扩展关系,如图2-4 所示:

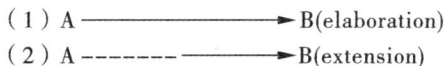

(1) A ——————→ B(elaboration)
(2) A -------- → B(extension)

图2-4 Langacker 网络模型中的范畴化关系

"(1)"为阐释关系,其中 A 是图式性的,B 是具体的对 A 的阐释,是 A 的一个实例。

"(2)"为扩展关系,A 具有原型性,B 具有边缘性,B 通过某种相似或联系从 A 扩展而来。[①] 从中可以看出,在兰盖克的网络模型所阐释的语义扩展不仅包含有隐喻转喻这样的认知机制,还包含了意象图式。

本研究运用认知语言学的范畴观对一词多义现象进行阐释,把一个词的词义作为一个语义范畴,该词的不同义项就是该语义范畴的不同成员,该语义范畴的成员义项之间通过某种认知机制联系在一起,这种认知机制可能是抽象化、具体化、隐喻、转喻或意象图式等中的某一种或是几种机制共同作用的结果。

本研究在对汉英触觉范畴名词、动词、形容词的认知语义进行分析之后发现,按照一词多义的原型范畴观来看,一个词的所有词义作为一个语义范畴,其中一个义项为原型意义,范畴内的其他义项为衍生意义,衍生意义和原型意义之间存在着这样或那样的联系,一般是通过隐喻或转喻机制联系在一起,通过隐喻或转喻从原型意义衍生出来范畴内的其他义项。汉英触觉范畴名词语义引申的认知动因主要是隐喻机制,转喻机制为辅,而动词和形容词语义引申的认知动因则都是隐喻机制。

二、原型范畴理论

(一)原型范畴理论的提出

范畴是人类思维的基本形式和工具,无论是哪种思维方式,理论思维也好,经验思维也好,都离不开范畴,那么可以说范畴化就是人类利用语言并认识世界的最重要、最基本的一种手段。范畴作为专门的哲学术语,最早出现在亚里士多德的《范畴篇》中(谭鑫田、李武林,1993:6)。亚里士多德并没有给"范畴"下明确定义,但是在他看来,范畴既是谓词的类,又是存在的类。晚期希腊哲学相当重视范畴理论的研究,这个阶段也因此成为范畴理论研

① 李福印.认知语言学概论[M].北京:北京大学出版社,2008:217.

究的黄金时代之一;到了中世纪,范畴理论被称作"旧逻辑"问题,更关注范畴本身的逻辑语言价值,引发了关于共相问题的争论。近代哲学家多关注范畴的认识论问题。20世纪以来,范畴理论研究不仅是本体论的一部分,也是认识论的一部分,这一时期的研究大大推动了对语言意义的研究。

从亚里士多德时代发展至今,范畴理论的研究取得了丰硕成果,形成了两大范畴理论体系:经典范畴理论和原型范畴理论。以亚里士多德为代表的传统范畴理论认为:①范畴成员是由一系列充分必要特征所决定的;②范畴的边界是清晰的,不同的范畴之间有着明确的界限;③同一个范畴内部所有的成员地位相等;④范畴成员的特征是二元的,人类所认识的事物要么属于某一个范畴,要么不属于该范畴。

在维特根斯坦(Wittgenstein)之前,经典范畴理论在范畴理论体系中一直占据着主宰地位。维特根斯坦是第一个发现经典范畴理论缺陷的哲学家,他于1953年提出了"家族相似性"的观念,注意到"对一般概括的渴求",认为人们倾向于认为一些事物之所以归在一个一般语词之下,是因为它们具有某种共同的特征。他以"游戏"为例,指出种种游戏并没有一种共同的特征,而是形成了一个家族,这个家族的成员具有某些家族相似之处(陈嘉映,2003)。他认为范畴的边界并不是固定不变的,而是可以随着新事物的出现而扩大,如"电子游戏"的加入使得游戏的范畴边界扩大,该新成员与原游戏成员之间有部分共同特征。维特根斯坦的"家族相似性"为原型范畴理论的提出奠定了基础。

后来,罗施(Rosch)对 BIRD、FRUIT、VEHICLE、VEGETABLE 等10个范畴进行了实验研究,发现这些范畴都表现出了原型效应,提出了"原型范畴"的概念,创造了原型范畴理论(李福印,2008:96)。原型范畴认为原型是人们对世界进行范畴化的认知参照点,所有概念的建立都是以原型为中心的。罗施(1978)在谈到范畴的内部结构时认为,大多数范畴没有明显的界线,范畴的原型(prototype)是人们认为的某个范畴中最清楚、最具代表性的成员。

(二)原型范畴理论的主要内容

罗施及其同事的范畴研究为其创立原型范畴理论和基本层次理论做出

了巨大的贡献,揭露了经典范畴理论不可克服的理论缺陷,认为范畴内部成员的地位并不平等,范畴成员未必具有共相,并非所有的范畴都遵循二元思维,也并非所有的范畴之间都能划出清晰的界限。原型范畴的理论的基本内容主要是(蓝纯,2003:30):

①范畴内部的各个成员由"家族相似性"联系在一起,并非满足一组充分必要的条件。"家族相似性"意味着范畴中所有成员都由一个相互交叉的相似性网络联结在一起。如[鸟]中成员具有的特性包括:有羽、生蛋、有喙、会飞、短尾、体形小、重量轻等,知更鸟完全满足这些特征,鸵鸟、企鹅虽然没有会飞、体形小等特征,但它们仍是[鸟]的范畴成员,并具备了鸟类的其他特征,如有羽、生蛋等。范畴成员之间的家族相似性使范畴内部构成一个连续体。

②范畴的边界具有模糊性,相邻范畴互相重叠、渗透。色彩范畴中,典型的红色、黄色、黑色容易被识别,但若让人们指出紫红是属于红色范畴还是紫色范畴,可能就不容易做出判断,或者答案因人而异,原因在于各个颜色范畴的边界是模糊的、连续的,紫红处于紫色和红色的交叉处。

③范畴原型与该范畴成员共有的特性最多,与相邻范畴的成员共有的特征最少;范畴边缘成员相似的特征较少,而与其他范畴的成员共性更多(Ungerer & Schmid,2001:29)。也就是说,不同范畴原型之间特征差异最大。如 Rosch 实验中椅子原型与[家具]中的沙发、床、书柜、衣柜等成员共有特征最多,而与[水果]成员的共性最少;同时,椅子和[水果]的原型——苹果的差异最大。

④范畴成员依据具有该范畴所有特性的多寡,具有不同的典型性,因此范畴成员之间并不平等。原型是范畴内最典型的成员,其他成员有的典型性显著,有的则处于范畴的最边缘位置。例如,Rosch 的实验结果表明在[鸟]这个范畴中,知更鸟是最典型的成员,它具有[鸟]的所有特性。麻雀、鸽子、金丝雀等属于典型性较高的成员,它们与知更鸟的共同特性相对较多。而鸵鸟、企鹅则处于[鸟]的边缘位置,它们和知更鸟共有的特性非常少。

⑤范畴呈放射状结构,原型位于范畴结构的中心位置;多数范畴呈现的

不是单一中心结构,而是多中心结构,即某些范畴通常具有多个原型,原型之间通过家族相似性获得联系。例如,汉语中[水果]范畴的成员梨、桃都是极具典型性的,都可以视为原型。

(三)原型范畴理论在本研究中的应用

在认知语言学中,范畴是一个用途很广的术语,但是含义是模糊的。"一种事物及其类似成员(如椅子)可以构成一个范畴,一类事物(如家具)及其包含事物也可以构成一个范畴。"①原型范畴理论不仅存在于我们日常所使用的概念之中(如人、动物、树木等),也存在于语言结构的各个方面中,如语音学、形态学、语义学、句法学、语法学等。随着认知语言学的发展和研究的深入,原型范畴理论被运用到上述语言结构各个方面的研究和教学等领域的研究之中。

本研究以触觉范畴词汇的认知语义为研究重点,根据原型范畴理论,把跟触觉有关的名词、动词和形容词归为触觉范畴词汇。至于涉及的这三大词类,本研究参照袁毓林(1995)借助原型理论给这三类词下的定义来选择触觉名词、触觉动词和触觉形容词:名词是"经常做典型的主语和宾语,一般不受副词修饰的词";动词是"经常做谓语但不受程度副词修饰,或者程度副词修饰后仍可以带宾语的词";形容词是"经常做谓语和补语,受程度副词修饰后不可带宾语的词"②。

认知语言学将原型理论和范畴理论结合起来看待一词多义现象,构成一词多义现象的范畴观,本研究采纳这种范畴观,把每个词的义项看作一个语义范畴,每一个词条下面罗列的各个义项共同构成这个词的语义范畴。在每个词的意义范畴中,基本词义作为中心义项,其他义项作为该词的衍生意义,衍生意义和基本词义之间存在着一定的关联,通过某种认知机制(如隐喻、转喻、意象图式等)联系到一起。我们把基本词义称为原型,一般来说,原型是语言集团成员想到的该词的第一词义,也是儿童较早习得的词义。词典中每个词条的义项就是一个小型的范畴,在某种程度上也能反映

---

① 赵艳芳.认知语言学概论[M].上海:上海外语教育出版社,2001:55.
② 袁毓林.词类范畴的家族相似性[J].中国社会科学,1995(1):166–170.

原型效应。一般来说,典型的词汇概念(基本词义)会列在该词条义项的首位,其他词汇概念(衍生意义)紧跟其后。

三、认知模式理论

(一)理想认知模型的概念和构建

莱科夫(Lakoff,1987)的《女人、火与危险事物:范畴显示的心智》(*Women,Fire and Dangerous Things:What Categories Reveal about the Mind*)是认知科学领域的一座里程碑。他在书中批判了传统的范畴划分方法的不足之处,讨论了原型理论及范畴划分方法,在此基础之上提出了认知模式的观点。该书的主要命题是,运用被称为理想化的认知模式(Idealized Cognitive Model,简称ICM)的结构方法来组织我们的知识,而范畴结构和原型效应则是这组结构的副产品(Lakoff & Johnson,1980:95)。ICM的提出除了参考Fillmore(菲尔莫)的框架语义学,还借鉴了Lakoff & Johnson(1980)的隐喻、转喻理论,兰盖克(Langacker,1987)的认知语法以及福科尼耶(Fauconnier,1985)的心理空间理论;我们把ICM理解为人们在认识事物与理解现实世界过程中对某领域中经验和知识所形成的抽象的、统一的、理想化的组织和表征结构。

每个ICM都是一个复杂的结构性整体,一种格式塔式的结构,并且运用了四种结构原则:①菲尔莫结构语义学中的主题结构(propositional structure);②兰盖克认知语法中的形象—图式结构(image-schematic structure);③莱科夫和约翰逊所描述的隐喻映现(metaphoric mappings);④莱科夫和约翰逊所描述的转喻映现(metonymic mappings)。每个被适用的ICM构造出一个如同福科尼耶所描述的智力空间(Lakoff,2003:95-96)。

根据以上四种结构原则,每一个ICM都包含四种不同类型的认知模式:命题模式、意象图式模式、隐喻模式和转喻模式(Lakoff,2003:160)。莱科夫(1994:160)认为这些模式能够描绘总体范畴结构的特征,表明其中心成员是什么,并且可以描绘其内部链锁中各个链环的特征。这四种不同类型的认知模式分述如下:

命题模式:详述这类范畴的元素、元素的特征以及元素之间的关系。我们大部分知识结构均属于命题模式这种形式。因此,一个领域某种模式会包括该领域所发生的各个部分,一个描绘我们关于火的知识的命题模式会包括火是危险的这一点。

意象图式模型:详述了图式形象,如轨道、细长形状或容器。我们有关棒球投球的知识就包括一个轨道图式,有关蜡烛的知识也包括一个细长物体的图式。

隐喻模式:是一个领域中的命题或形象图式模式映现另一领域中的一个相对应的结构。有关通信的通道隐喻是把我们有关容器的传输物的知识通过词义传输映现到对通信的理解上。

转喻模式:包括上述一种或多种类型的模式,再加上一个从该模式的一个部分转到另一个部分的功能。因而,在一个表示部分—整体结构的模式中,可能具有从部分转到整体的功能,从而使部分能够代表整体。

理想认知模型之所以是理想化的,一方面是因为客观世界不存在ICM,它是人类创造的复杂概念结构;另一方面,是因为ICM具有原型结构性或中心—边缘图式特点,组成ICM的认知模式地位不相等,只有典型的中心认知模式才能充分体现或更能代表ICM,而其余的认知模式都是根据隐喻和转喻延伸而来的[①]。

(二)理想认知模型的特点

李福印(2008)把理想认知模型的基本特点概括为理想性、体验性、复杂性、原型结构性以及文化性等。

首先,ICM具有理想性的特点,ICM并不存在于客观世界中,而是人们所创造出来的一个概念结构。以"星期"所代表的范畴为例,我国古代历法把二十八宿按日、月、火、水、木、金、土的次序排列,七日一周,周而复始,称为七曜;西洋立法中也有"七日为一周"的说法,跟我国的"七曜"暗合;后来就根据国际习惯,把这样连续排列的七天作为工作学习等作息日期的计算单

---

① 董成如.所有构造的认知解释[J].外语与外语教学,2003(4):61.

位,叫作星期。就"周末"这个词来说,理解这个概念需要一个相关的 ICM,即,有一个关于历法的七天的周期概念——星期,有一个公认的表示一天结束新的一天开始的标准,还需要有工作五天休息两天的概念。针对"周末"这个概念相关的 ICM 而言,在繁忙的五天工作日之后可以休息两天,但是对那些工作繁忙周末加班的人来讲,周末也许只有一天甚至一天都没有;在巴厘人(Balinese)的历法体系中,星期的概念和我们的星期概念并不一样,在他们的文化中,一个星期可以有七天,也可以有五天,还可以有六天,如果要表示巴厘人的节日 Galungan 的特征就需要一个复杂的 ICM,这个 ICM 是巴厘文化中所具有的三种星期结构的叠加(Lakoff,2003:97)。因此我们说 ICM 是理想性的,是人类主观创造出来的,而不是客观存在于自然界中的,在大千世界各种不同的文化形态中,同一概念可能会代表着不同的范畴。以 bachelor(单身汉)所代表的范畴为例,理解 bachelor(单身汉)这个概念需要一个相关的 ICM,即人类社会中存在着婚姻这种社会关系(典型的婚姻关系是一夫一妻制),存在着公认的婚龄。就这一理想化模式而言,单身汉只是指一个未婚的成年男子(Lakoff,2003:99),而并不包括那些长期未婚同居的男子、脱离人群长大成人后也不接触人类社会的男子、同性恋者等,当然也不包括神父、教皇等天主教的神职人员在内。可见,ICM 只是理想化的,可能会与人们对世界的理解的吻合程度有所偏差,实际情况也许和 ICM 完全相符,也许会偏离 ICM。

其次,来看一下 ICM 的体验性。认知语言学的哲学基础是经验主义认知观,经验主义认知观认为"思维是不能脱离形体的,人类的认知结构来自人体的经验,并以人的感知、动觉、物质和社会的经验为基础,对直接概念和基本范畴以及意象图式进行组织和建构"①。因此,我们可以说 ICM 具有体验性,是人类以身体体验为基础,与客观存在的世界进行互动的结果。

再次,ICM 是由人类主观创造的复杂的概念结构,由多个认知模式构成,这些认知模式可能会结合起来构成一个比个体模式更为基本的群集模式(cluster model)。Lakoff(1987:74)以"母亲"这个概念为例分析了群集模

---

① 赵艳芳. 认知语言学概论[M]. 上海:上海外语教育出版社,2001:33.

式,他认为"母亲"这个概念应该是一个由多个个体认知模式结合而成的群集模式,这个群集中包含了生育模式(生育过的人是母亲)、遗传模式(贡献遗传物质的女性是母亲)、养育模式(养育了一个孩子的成年女性是那孩子的母亲)、婚姻模式(父亲的妻子是母亲)、家系模式(最亲密的女性长辈是母亲)等。这个群集中任何一个单一的认知模式都代表着一种特定模式的"母亲"的概念,但是对于"母亲"这个概念来讲,任何一个单一的认知模式都无法作为别的引申义的根据,这些不同的认知模式聚合在一起,共同构成了"母亲"这个概念。

最后,ICM 具有原型结构性指的是构成 ICM 的各个认知模式的地位是不相等的,有些处于典型的中心位置,有些则是非典型的,处于边缘位置。比如"母亲"这个概念,前文所提到的生育模式、遗传模式、养育模式、婚姻模式和家系模式所构成的群集模式处于这一概念所代表的范畴的中心位置,而"养母""生母""继母"等都属于这一概念的外延,处于边缘位置,是通过隐喻或转喻的方式从"母亲"这一概念的典型认知模式延伸出来的。

(三)理想认知模型在本研究中的应用

熊学亮(2003)认为 ICM 是我们组织知识的方式,语言形式也带有 ICM 的踪影,所以在分析或研究带有这种踪影的语言时,就必须启动相应的 ICM,这样做会比用逻辑方式去阐述原本是模糊性质的语言更为客观和现实。因此,ICM 理论一经面世,就在国内外学术界引起了巨大反响,被广泛应用在语言研究的各个方面,如物性和语法关系(Langacker,1991)、语法研究(熊学亮,2001;熊学亮、王志军,2002)、转喻及认知理据(李勇忠,2004,2005;文旭、叶狂,2006)、语用与认知研究(刘宇红,2002,2003)等。

在理想认知模型的四种认知模式中,命题和意象图式形成了 ICM 的结构,而隐喻和转喻是 ICM 根据命题和意象图式进行扩展和辐射的机制。"命题模式只能描述关于世界具有真假值的命题概念。为了研究语言的非命题意义和意义的性质,认知语言学更重视研究后三种认知模式。"[①]因此,本研

---

① 赵艳芳.认知语言学概论[M].上海:上海外语教育出版社,2001:73.

究中关于触觉词认知模式的部分也把命题模式排除在外,仅注重意象图式模式、隐喻模式和转喻模式。

通常简单的范畴可能涉及一种或两种认知模式,但是复杂的范畴就可能涉及三种甚至四种认知模式。就像本研究中的"触觉范畴",这里的范畴其实就是以容器图式来理解的,我们把范畴当作一个容器,范畴里的成员就是该容器的内容物,那么本研究中的"触觉范畴"就像是一个容纳了触觉名词、触觉动词和触觉形容词的容器;而触觉形容词这个"容器"又容纳了温觉、接触感、压觉和痛觉四个不同语义场的形容词。而每个词从基本词义(原型意义)到衍生意义的语义扩展,则主要是依靠隐喻和转喻两种认知模式。

"隐喻认知模式对理解的制约既不是任意的,也不是毫无结构的,而是具有源域—目标域投射的内部结构和一定的规律。"①隐喻认知模式常常用于对抽象事物的概念化、理解和推理,涉及从具体的概念域(源域)到抽象的概念域(目标域)的映射,属于思维和概念层面的问题;转喻模式同隐喻模式一样,也是人类认知机制的一种,属于人类基本的认知手段,当然也属于思维和概念层面的问题,但是仅仅涉及单一概念认知域内的映射。当然概念隐喻和概念转喻并不是绝对对立的两种认知模式,在实际研究中发现有隐转喻的例子,如基于转喻的隐喻(metaphor from metonymy)和隐喻中的转喻(metonymy within metaphor)。如"She caught the minister's ear and persuaded him to accept her plan."这句是转喻 BODY PART FOR (MANNER OF) FUNCTION。仔细观察,不难发现该转喻暗含概念隐喻 ATTENTION IS A MOVING PHYSICAL ENTITY,属于"隐喻中的转喻"②。

---

① 赵艳芳.认知语言学概论[M].上海:上海外语教育出版社,2001:78.
② 李福印.认知语言学概论[M].北京:北京大学出版社,2008:153.

第三章　汉英触觉名词认知语义对比

本章的主要内容是讨论和分析汉英触觉器官名词的认知语义,揭示触觉名词语义演变的路径和语义引申方式,挖掘语义引申过程中所涉及的认知模式。

第一节　汉语触觉名词认知语义分析

本节首先分析触觉器官名词"皮肤"的用法,主要分析皮肤与人的生理和心理的关系、皮肤的功能。其次,分析"皮"类词的认知语义,绘制其语义网络,挖掘其语义延伸和拓展中所蕴含的认知模式,解释其语义演变路径和语义引申方式。

一、"皮肤"的用法分析

本部分将从皮肤与人的生理和心理的关系、皮肤的功能三个层面来分析"皮肤"一词的用法,而不是分析该双音节词的句法功能。

(一)皮肤与生理

不同的人,皮肤颜色深浅各不相同,我们和不同的人见面,首先映入眼帘的就是对方的皮肤状况。健康的皮肤有着独特的光泽,看起来不仅红润,而且比较细腻,触摸的话手感柔软、光滑、湿润,而且有弹性。中医认为,皮肤的健康状况能够反映各个脏腑器官系统的疾病,皮肤的颜色能够告诉我们身体状况是否有异样。

皮肤出现红血丝,从中医的角度来看就是热盛的状况,因为热盛而导致体质过敏。皮肤不仅泛红,还伴随红肿、瘙痒等反应的时候,就已经为我们拉响了健康的红色警报。

①敏感性肌肤也会因干燥气候而经常出现敏感现象,另外红血丝皮肤在这种寒冷季节也会变得更加明显。①

②夹竹桃含有夹竹桃苷,接触其汁液,会引起皮肤瘙痒、红肿等过敏反应,误食其枝、叶和花都会引起中毒。

细腻红润的皮肤自然是健康的,本该红润的皮肤如果得不到足够的血液的滋养就会变白,当然这种白并不是白里透红的健康色,而是无血色的白,如果同时还有头晕、乏力、皮肤萎黄,那么就有可能是贫血来造访了。皮肤出现暗黄色的时候,就代表着我们的健康已经拉响了中级警报了。

③头昏眼花、心悸失眠、自汗、四肢拘挛,并伴有食欲不振(缺乏)、腰酸腿软,皮肤、黏膜的颜色变成苍白等。脉多见沉、细、缓。

④如果得了老年性贫血,表现为面色苍白、皮肤萎黄、头晕、乏力等,还伴有神经系统病状,如心悸、气急、神情淡漠……

生活中,女性往往追求肤白貌美,当然这种白是健康的白色。但是当人体出现黑色素或黑色素体合成缺陷的时候,皮肤会全身性或局部性白化,毛发呈银白或淡黄色,瞳孔淡红,这种不正常的白色皮肤就是医学上所说的"白化病"的典型表现。

⑤患白化病的人皮肤和头发全是乳白色,有时白中带黄。虹膜一般呈玫瑰色或红色,有时微……

(二)皮肤的功能

皮肤位于人身体的最外层,起着调节体温、保护身体等作用;植被覆盖在地表,起到调节气候、保护水土等作用;飞船的外壳起到对飞船内部构造的防护作用。因此可以说植被就是地球的皮肤,外壳是飞船的皮肤。

⑥可惜的是,"万物之灵"欠缺环境意识,在世界各地,违反人类天性和人生的根本需要,为了眼前利益,不惜撕破地球母亲的皮肤——大面积地毁坏植被。

---

① 如果没有特殊说明,本研究中的汉语例句均出自 CCL 汉语语料库。

⑦我在北京空间技术研究院飞船总装厂房看到了返回的飞船。它不愧是"神舟",尽管"皮肤"上留下了大气层燃烧的淡黑色痕迹,里面却是完好如初。

除了皮肤自有的保护功能之外,"皮肤"的另一种功能就是作为人种划分的一个重要指标。世界人种主要分为白色人种、黄色人种、黑色人种和棕色人种等。其中黄色人种又称蒙古人种,皮肤为黄色或白色,头发黑而直,主要分布在中国、日本、蒙古、西伯利亚、朝鲜半岛、中南半岛、美洲和北极地区。黄种人最突出的特征就是黄色皮肤,"黄皮肤"常常被用作"中国人""中华儿女"的代名词。同样的,"白皮肤"和"黑皮肤"也分别用作"白色人种"和"黑色人种"的代名词。

⑧他用他的高超医术为黄土地上成千上万与他一样黄皮肤的人解除了病痛,也证明了这样一个真理:在祖国的沃土上同样能够创造令世界瞩目的成就。

⑨流淌了五千年的乳汁,养育了一茬茬的倔强和伟岸;让一群黄皮肤的人,心海里永远腾飞着一条巨龙,生生不息,撩人心魂。

⑩在第八十三届国际发明展览会的领奖台上,邹德骏用他的口琴吹了一曲《梁祝》,又一曲《我是一个兵》,台下的黄皮肤白皮肤黑皮肤们听得如痴如醉。

(三)皮肤与心理

收紧皮肤表示人处于紧张甚至恐惧的状态。

⑪……声音从壮汉脸上滑过,壮汉立即紧了皮肤,人魔一般地看着驼背印在地上的那团暗暗的影子,壮汉脸上就呈现出死亡的颜色,壮汉惶惶而去。

从上文的例子可以看到,虽然是触觉器官名词,但是"皮肤"一词几乎不会直接出现在触觉框架中,皮肤的生理状态与功能都能够通过隐喻或转喻的方式延伸到人的心理活动和思维能力域中。

二、"皮"类词的认知语义

（一）"皮"类词

《现代汉语常用词表》（第2版）中"皮"的频度顺序是2247①，是我们日常生活中的一个常用单音节词，但是也是一个常用的构词要素，可以构成多个双音节词甚至三音节以上的多音节词。用AntConc检索软件在《现代汉语常用词表》（第2版）电子版中进行了检索，以"皮"字为检索词，共检索到125个含有"皮"字的条目，双音节词71个，三音节以上的多音节词54个。至此又进行了二次筛选，筛选原则如下：

①以二字词为主，收录基本词，如"眼皮"可以扩展为"单眼皮""双眼皮"，扩展后"眼皮"的含义并未发生变化，只保留基本词汇"眼皮"以供研究；再如"皮衣"可扩展为"皮大衣"，只保留"皮衣"供研究。然后有些词扩展之后词义发生变化，如"皮条"可扩展为"拉皮条"，"皮球"可扩展为"踢皮球"，意义完全不同，在这种情况下，两个词都要保留下来以供研究。对于一些可以出现在四字词中的二字词，只收录二字词，不再收录四字词，如收录了"皮肉"，就不再收录"皮肉之苦"。

②保留与"皮肤"意义相关的词，去除与"皮肤"义无关的词，如"肚皮""嬉皮士"等。"肚皮"指腹部，"嬉皮士"则是英语中hippies的汉语音译，跟"皮肤"或"皮"无关，因此不再保留。基于词典收集到的"皮"的成词情况如表3-1所示。

---

① 《现代汉语常用词表》（第2版）收词以单音节词和双音节词为主，一些使用频率较高的熟语和固定短语也收录在内。《词表》中收录的词按照常用度进行排序，根据"词频频级排序法"来确定词语的使用频度顺序。如助词"的"在《词表》中的频度顺序为1，可以理解为，该助词是人们日常生产和生活中最为常用的词，使用频度在所有常用词中排第一位。

表 3-1　"皮"的语义及成词

"皮"的意思	《现代汉语常用词表》(第 2 版)中含有该义的词
本义:人或生物体表面的一层组织	皮肤,皮试,皮炎,皮张,皮疹,皮脂,皮子,眼皮,牛皮,表皮,毛皮,皮毛,剥皮,脸皮,桂皮,青皮,蜕皮,脱皮,果皮,植皮,皮肤病,树皮,皮革,皮包骨
从触觉器官域到物理环境域	皮革制品(功能相似):皮袄,皮包,皮鞭,皮尺,皮筏,皮货,皮夹,皮件,皮具,皮帽,皮袍,皮球,皮箱,皮鞋,皮靴,皮衣,皮猴儿,皮划艇,皮夹克,皮褥子 表面薄薄的一层(形状相似):铁皮,草皮,豆腐皮,果丹皮 位于表面(位置相似):地皮,封皮,皮质,皮书 柔韧而滑的(性质相似):皮糖,皮实,皮纸,牛皮纸,羊皮纸,橡皮糖,皮带,皮条 橡胶质的(性质相似):橡皮,橡皮泥,橡皮擦,橡皮筏,橡皮膏,橡皮筋,橡皮圈,橡皮艇
从触觉器官域到物理环境域	隐喻指人:癞皮狗 转喻指从事某职业:皮匠,皮肉生意 转喻指民间艺术形式:皮影戏 转喻指从事商业投机活动的公司或企业,后来隐喻指从事非法业务和欺诈活动的集团:皮包公司
从触觉器官域到思维认知域	表见识:眼皮子,皮毛,皮相 表口才:嘴皮子,磨嘴皮
从触觉器官域到社会交往域	吹牛皮,刮地皮,牛皮癣,踢皮球,扯皮
从触觉器官域到空间域	眼皮底下
从触觉器官域到情感态度域	顽皮,调皮,泼皮,俏皮,俏皮话

从表 3-1 来看,"皮"通过隐喻或转喻的认知手段可以投射到物理环境域、思维认知域、社会交往域、空间域和情感态度域。下文将从这几个方面来具体分析。

(二)"皮"类词向物理环境域的延伸

表 3-1 中"皮"的成词情况显示这是一个常用的构词要素,具有较强的

构词能力。用"皮"来指称外部世界的其他物体,主要是取这些物体和皮的形状相似、位置相似、功能相似和性质相似。

1. 形状相似

皮是覆盖在人或动植物体表面的一层组织。皮肤是人体最大的器官,通常厚度在0.5~4.0毫米;一般动物的皮肤厚度仅为0.001~0.12毫米,部分哺乳动物皮肤很厚,如大象皮肤厚1.8厘米,犀牛皮肤厚2厘米,河马皮肤厚2.5厘米[1]。植物表皮厚度更是以纳米为计量单位,由此可见,不管是人和动物的皮肤,还是植物表皮,都比较薄,相当于表面的一层包袱。人们在日常生活中常用"皮"来表示外界的其他物体,就是取的形状上的相似性,用"皮"来表示薄薄的物体,如"铁皮""草皮""豆腐皮""果丹皮"等。"铁皮"由熟铁被压成薄片而得名;"草皮"用来铺草坪以美化环境,或铺在堤岸表面以防冲刷,这种草铲下来时还连带薄薄的一层泥土[2];"豆腐皮"为煮熟的豆浆表面上结的薄皮;"果丹皮"是一种食品,由干、鲜山楂或制作山楂脯、苹果脯等的下脚料为原料制成,从形状上来看是由薄片卷制而成,展开就是大小不一的薄片。

2. 位置相似

皮位于人和动植物体的表面。这一位置的相似性,就被人们用来表示事物的表层,如"地皮""封皮""皮质"等。"封皮"位于书刊的最外面,用厚纸、布、皮等做成;"皮质"可以用来指某些内脏器官的表层组织;"地皮"指的是地的表面,也可专用来指供建筑等用的土地。这些含有"皮"的词语跟皮的共性就在于位置都处于事物的表面。如:

⑫白皮书是一国政府或议会正式发表的重要文件,有的封面习惯用白色,就叫白皮书。如1949年8月5日美国国务院发表的《美国与中国的关系》白皮书。英国的这类文件封面习惯用蓝色,称蓝皮书;西班牙用红色,称红皮书;意大利用绿色,称绿皮书。实际上一国文件使用的颜色也不限于一种。

---

① 暴慕贞. 有趣的生物数字[M].石家庄:河北少年儿童出版社,1995:100.
② 如没有特殊说明,本研究中相关汉语词汇释义均来自《现代汉语词典》(第7版)。

例⑫中提到了几种不同颜色的皮书。皮书是各国正式发表的报告书或文件的惯用术语,因为颜色不同、主题不同而有不同的叫法。多数西方国家的政府、议会等正式发表的报告书或文件的封面有其惯用的颜色,白色的叫白皮书(如美国、葡萄牙),蓝色的叫蓝皮书(如英国),红色的叫红皮书(如西班牙),绿色的叫绿皮书(如意大利),因而白皮书、蓝皮书等成为某些国家的官方文书的代号。从涉及的领域来看,白皮书多为国家发展的重大政治、国防、外交方面的问题,蓝皮书多为经济、社会、文化、产业类问题,黄皮书多为部分国别与地区类问题,绿皮书主要为农村、旅游、生态、环境、语言等问题。在我国,规定了白皮书为全面准确地介绍中国政府在重大问题上的政策主张、原则立场和进展的官方文书。由国务院新闻办公室颁布,通过新闻媒体、出版社、网络媒体、大使馆等渠道发布。除了白皮书,其他各色皮书在适用领域上并没有严格的对应,或由政府业务部门,或由科研机构、社会组织发布。

蓝皮书是以经济、区域、行业、社会相关领域等为主题的皮书,其数量占到总体的90%以上,是皮书的主题。代表皮书:经济蓝皮书、京津冀蓝皮书、房地产蓝皮书、公共服务蓝皮书等。绿皮书是与生态、环境、农村、旅游等可持续发展主题相关的皮书,约占总数的7%。代表皮书:气候变化绿皮书、农村绿皮书、中小城市绿皮书等。黄皮书是以国际政治、经济等问题为主题的皮书,约占总量的3%。代表皮书:世界经济黄皮书、G20国家创新竞争力黄皮书等。

3. 功能相似

皮肤覆盖在人和动物身体表面,具有多种生理功能,能够保护身体不受外来侵害,能够调节体温,吸收营养物质,感知外界,对冷热、触摸、压力等做出反应。当然,皮肤还参与新陈代谢,不仅是人体最大的触觉器官,还是重要的免疫器官。植物表皮覆盖在植物体表面,是其最外层的细胞,同样具有保护功能,防止植物体内水分流失,抵抗微生物入侵,还具有吸收功能,有的表层细胞会发育成根毛。

草、树叶、树皮、兽皮、麻布等构成了人类衣料的早期足迹。人类以兽皮为衣正是看中了兽皮和人的皮肤一样具有保护功能,兽皮经过鞣制之后不易腐烂、更耐用;可以用来鞣制的动物皮的种类繁多,但是我们生活中最常见的皮制品来源主要是猪皮、牛皮和羊皮,这三种动物皮不仅质量好而且产量大。鞣制的皮子不仅耐用而且保暖,可以起到保护作用,这就产生了众多皮革制品,如"皮鞋""皮衣""皮袄""皮猴儿""皮筏""皮带"等。"皮衣""皮袄""皮带""皮鞋""皮靴"等均由动物皮鞣制再加工而成,穿在身上,系在腰上,不仅经久耐用,而且起到保暖、保护身体的作用。

4. 性质相似

(1)由皮到柔软且坚韧的物质

人类在进化过程中,发现动物的皮经过去毛、物理或化学加工就能得到熟皮,这样的动物皮不仅具有防腐性,而且依然具有柔韧和透气的性能。

纸草是古埃及人最主要的书写材料,公元前5世纪,纸草逐渐由埃及传入欧洲各国,公元前2世纪,埃及开始禁止纸草的外运,欧洲各国开始使用羊皮纸,羊皮纸比纸草更柔软,也经久耐用,是上乘的书写材料,从公元3世纪起风行欧洲,一直持续到12世纪造纸术传入欧洲,纸张的逐渐普及导致了羊皮纸的逐渐衰落。但是在18世纪以前,欧美主要国家的重要文献仍然是用羊皮纸来书写的,如美国《独立宣言》、1787年美国宪法等[1]。羊皮纸在当时得到推崇自然有埃及禁止外运纸草的外在原因,但是更为重要的是鞣制过的羊皮具有柔软性和韧性。事实上羊皮纸有时也用小牛皮来做,当然到了现代,除了传统意义上的羊皮纸,还有一种羊皮纸称为工业羊皮纸,以化学木浆和破布浆制作而成,经过化学处理之后的这种纸弹性好、强度高,还具有一定的耐折度,可以用作半透膜。同样,我们现在所讲的"牛皮纸"并不是由牛皮制成,而是呈黄褐色、用作包装材料的一种纸,抗撕裂强度高,经打浆由特殊工艺制成。

"皮糖"是一种具有传统特色的民间小吃,用糖加适量淀粉熬制而成,半透明,耐嚼有弹性,不粘牙。"橡皮糖"是一种经熬煮而成的富有弹性的凝胶糖果,晶莹剔透,集韧性、弹性和柔软性特征为一体,跟皮糖比起来,口味多样,外形多变。两者的共性在于都具有韧性和柔软性特征。

---

① 刘行光.造纸术[M].重庆:西南师范大学出版社,2014:19.

（2）由皮到黏性强的物质

古人熬煮兽皮得到黏性强的物质,称为胶。《说文解字》这么解释"胶":"眤也。作之以皮。从肉翏声。古肴切。""胶"的本义就是"用动物的皮、角等熬成的具有黏性的物质",后来也用来指植物分泌出来的（如橡胶）或人工合成的黏性物质,也可以特指"橡胶"。因此,现代汉语中用"皮"来表示橡胶（橡胶树的分泌物制成的有弹性的物质或是人工合成的弹性好、绝缘、不透水不透气的物质）,取的就是"黏性"相似之义,如"橡皮""皮筋""橡皮圈"等。

（三）"皮"向思维认知域的延伸

触觉感官名词向思维认知域的延伸与皮的功能有关。皮是人或动植物体表面的一层组织,虽然有保护、调节等功能,但是相对于生命体的整体来讲,并不像其他内在器官那样能够起到决定性和关键性的作用,这就构成了"表面"和"内在本质"的对立。因此,便有了从具体的概念域到抽象的概念域的映射,"皮"用来指表面现象、不够深入的理解,如"皮毛""皮相""眼皮子"等。

"皮毛"本义是:带毛的兽皮的总称。后来可以用来指"人的皮肤和毛发",《黄帝内经·素问·阴阳应象大论篇》里有:"故邪风之至,疾如风雨,故善治者治皮毛,其次治肌肤,其次治筋脉,其次治六腑,其次治五脏。治五脏者,半死半生也。"大意是告诉我们疾病入侵是有规律的,由表及里,由轻到重,由皮毛传入肌肤、筋脉、六腑,直至五脏,步步深入。这里的"皮毛"其实是泛指人体的浅表部分。后来就由此具体的概念域映射到抽象概念域,用来指表面的、肤浅的东西,多用来指学识浅。"皮相"跟"皮毛"相似,用来指人的时候仅仅指人的外表和外貌,与智商、智力等无关,常用来构成四字词"皮相之见",用来指只看外表,仅仅看到表面现象,不够透彻和深入。如:

⑬十一年前我做《新周刊》时,看到好媒体的机会很少,好不容易找到一本《时代》周刊,一本《生活》,心想:把它们捏到一起吧。当初学的是皮毛,根本不得精髓。不了解世界顶尖媒体的形态、运作方法和思路及经营模式,想与世界接轨谈何容易。

⑭我怀疑有些论者压根儿就没有读过他的书，或者充其量只作了一些皮相的了解。

⑮我增添了几分好奇，因为在我的印象里，化妆再有学问，也只是在皮相上用功，实在不是有智慧的人所应追求的。

⑯这种编选方法旨在为重新审视历史提供一个新的视点，使国人对中国传统文化的认知从某些陈说的皮相之见深入实证的科学的研究之中。

人体皮肤的厚度通常在0.5~4.0毫米，眼睛部位的皮肤最为薄弱，现在人们常用"眼皮子薄""眼皮子浅"来表示某人没见识、目光短浅，用"眼皮子宽"来表示某人见识广、有门路。

⑰众人一阵愕然，刚要嚷嚷，致庸道："今天我累了，谁想要债，明天再来，我一笔笔算给你们。不过诸位，你们这样成群结伙地到我复字号总号门前讨银子，好像乔家真还不起似的，诸位的眼皮子是不是太浅了？行了，想要银子的，明天尽管来吧！况且刚才那位焦东家也已经答应过在下了！"

⑱只有一条好办法，干脆把房子出了手：要是典主愿意再出点钱呢，一刀两断，房子便归了他。他要是不愿意呢，或是找钱太少呢，就另买。这自然很麻烦，因为契纸没在天赐手里。可是也有办法，王老师有办法；非打官司不可呢，也只好打它一场。王老师去给办，他现在眼皮子很宽，他有人有钱，官司打输了——就算是输了——也得争这口气。

⑲他这人"眼皮子"薄，一直瞧不上咱这庄稼佬，他肯帮咱这穷亲戚？

嘴是口的通称，不只是进食器官，还是发音器官，也用来指说话。人们常用"嘴快"来形容藏不住话，马上说出来；用"嘴软"来形容说话不理直气壮。"嘴皮子"则常用于口语，引申到抽象概念域，可以指说话的技巧或口头表达能力，多用于贬义。

⑳讲奉献，要动真格的，不能光动嘴皮子呀。

㉑王守清把这些作为头等大事记在心上，多次跑地方政府磨嘴皮子争取指标，为几十个干部办理了家属调进手续。

㉒这等主持人不仅骄而且躁，虽然嘴皮子很溜，但缺乏最起码的职业修养，不能以真诚、平等的心态对待观众。

㉓中国的百姓一向重实，打心眼里瞧不起耍嘴皮子的。地里的庄稼是

靠你那张嘴吹出来的吗?

㉔女队长见的世面也不小,嘴皮子也硬,她告诉孙少隽他起义有功,不过破坏土改,照样有罪。

㉕地区书记笑眯眯地看着她。她手上动得快,嘴皮子也动得快,全都动得喜洋洋乐滋滋。

(四)"皮"向空间域的延伸

汉语中用"眼皮底下"来表示距离很近。人类肉眼所能看到的距离是很有限的,那么用"眼皮底下""眼皮子底下"就表示距离很近,就在眼前,就在身边。

㉖一桩新中国成立以来罕见的特大贪污受贿案,就这样在人们的眼皮底下不知不觉地发生了,且数额之大,令人骇然。

㉗几千张图纸,他一张一张地认真审过,任何一点错漏都别想从他眼皮底下溜过。

(五)"皮"向情感态度域的延伸

旧石器时代,当时人以兽皮为衣来御寒保暖,在艰苦的摸索中,人们发现把兽皮处理之后使其变得柔软,再进行量体切割能够更好地御寒。人类的探索是由于生活的需要,但也正是这种探索让人类发现了皮的特性:柔软、有韧性、延展性好。皮衣、皮包、皮鞋等皮革制品使用时间久了,最多不过有点磨损,但是依然耐用,能经得起折腾。甭管什么皮,用手拉扯一下,这皮就会伸展开来,手松开的同时皮也就缩回去了,因为延展性好,皮可以因拉扯动作的开始而紧绷,也会随拉扯动作的结束而收缩,因拉扯动作力度不同而紧绷或收缩的幅度不同。"扯皮"最初用来指制作鼓面的一道程序,鼓面材质多为羊皮,制作时羊皮的湿度和粘的松紧度是非常关键的一环,过松过紧都不行,这就对制作者拉扯皮子的技术提出了相当高的要求。后来"扯皮"用来引申形容双方毫无必要的争论、互相推卸责任、不负责的推诿。如:

㉘不然的话,机构庞大,人浮于事,官僚主义,拖拖拉拉,互相扯皮,你这边往下放权,他那边往上收权,必然会阻碍经济体制改革……

㉙你找他扯皮，他就躲，见不着人影儿，即便找到了人，他说他没说过半句不还……

晚唐文学家皮日休曾作诗《嘲归仁绍龟诗》："硬骨残形知几秋，尸骸终是不风流。顽皮死后钻须遍，都为平生不出头。"诗中"顽皮"意指坚硬的龟甲。现代汉语中"顽皮"引申为指小孩子调皮，爱玩闹，与"调皮"同义，口语中也常常用单个的"皮"字替代"顽皮""调皮"，如例㉚所示。

㉚在这样的环境里你应该比小时候收敛多了，没那么皮了吧？

㉛当摄像机的镜头拉近时，她还不忘向电视机前的观众作出个顽皮的鬼脸。

㉜记得刚接班时，有个男生，在班上数得着的调皮蛋，同学嫌，家长烦，学习不思上进，没办法，家长只好打发他去外县当小工。

㉝谁知她率直地说，小时候她很调皮，一点也不听话，经常被老师罚站墙角。

"俏皮"同"调皮"有相通之处，用来指人聪明活泼而且风趣，也用来特指女孩活泼可爱调皮。如：

㉞德国诗人歌德曾经提到："一个俏皮的法国人自称，由于夫人把她的内室里家具的颜色从蓝改变成深红色，他对夫人谈话的声调也改变了。"

㉟林珠说话的时候一副乖巧女孩子的俏皮神态，眼神活泼，手势优雅，尖尖的漂亮红指甲十分的眩目。

"俏皮话"跟人说话时的幽默风趣有关，又称歇后语，是一种有趣的语言，前半句为形象的比喻，后半句为解释说明。如：

㊱"老农种玉米，就是锻炼身体"，这句时下在黑龙江省农村颇为流行的俏皮话，从一个侧面说出了农户们要求改变原有种植结构的愿望。

㊲有位厂长却用一句俏皮话，点破个中奥妙：现在是麻秆打狼，两头害怕。

（六）"皮"向社会交往域的延伸

"吹牛皮"用来比喻人"说大话，夸口"，该用法来自中国西部地区的一种运输工具的制作方法。生活在黄河中上游的甘肃、宁夏、青海等地的中国古代先民曾将羊皮筏子作为水上运输工具,运送人和物资。如今,陆路交通发达,黄河上漂流着的羊皮筏子,其地位已经悄然改变,不再是重要的水运工具,丧失了运输功能,反而成了假日休闲娱乐的项目。羊皮筏的制作过程如下:宰羊时,细心地将整个羊皮剥下来,然后将四肢和头部的皮扎紧,不使其漏气,再向羊皮内吹气,使其膨胀起来;用十来个鼓胀的羊皮缚在一个木架上,便做成了一只羊皮筏子①。除了羊皮筏之外,还有一种水运工具——牛皮筏,牛皮筏的体积要比羊皮筏的体积大得多,制作过程也大同小异,不同的是牛皮内不充气而是用羊毛填充②。正因为牛皮筏体积太大,所以不适用吹气填充,后来就用"吹牛皮"来形容人说大话,夸口讲做不到的事情。

"地皮"本义即地的表面。《新唐书·程日华传》中有:"马瘠,士饥死,刺史不弃毫发恤吾急,今刮地以去,吾等何望?"此处的"刮地"后来发展为"刮地皮",用来比喻搜刮民财,像刮地皮一样,寸草不留。如:

㊳比方说一个县长的肥缺,卖给你一年,不管你去做"父母官"做得多受子民的欢迎,也是不行的,到时候就得交差走路。相反的,如果时限没到,无论你刮地皮刮得多么狠毒,搞得如何怨声载道,你还是可以放心地挂下去,不要担心会提前撤职的。因为在买官的时候,有约在先,给够了买价的嘛。

"皮球"是一种由橡胶做成的、有弹性的空心球,是一种游戏用具,包括篮球、足球、排球等。"踢皮球"用来比喻互相推诿,把应该解决的事情推给别人,尤其用作贬义,形容职能部门相互推诿责任,办事效率不高。如:

㊴在这个家庭,他成了多余的人,被几个儿子像踢皮球一样踢来踢去。

㊵几位老人看到进退两难、焦急万状的职工,感到心下不忍,便对职工说:"我们也不愿意这样给你们找麻烦,也知道你们出门在外不容易。可我们的耕地占用费、青苗赔偿费到现在上头不给我们。从乡里批到县里,县里又让找乡里,来回踢皮球,只有找你们。"

"踢皮球"也常用于商务谈判中,称为"踢皮球"策略。谈判中的一方在不方便拒绝另一方的要求的情况下,以各种客观理由来推诿,如无权决定,

---

① 岳文强.行旅觅踪[M].石家庄:河北少年儿童出版社,1996:23.

② 岳文强.行旅觅踪[M].石家庄:河北少年儿童出版社,1996:23.

需请求上司决定,或借口上司不批准等,不把对方的要求当回事,迫使对方妥协让步。

"皮包骨""皮包骨头"用来形容人极端消瘦。如:

㊶她年纪太小,她营养不良,太瘦了,瘦得皮包骨。

㊷我虽然从来没有过挨饿的经历,但我在电视上看到过被饿得皮包骨头的非洲难民,我可不想变成那副样子。

三、"皮"类词的语义网络

上文对"皮"的共时语义分析,虽然这种一词多义现象的存在是一种共时现象,但是历时演变的结果。为了能够更好地描述"皮"的语义,就有必要在共时考察的同时,从历时的角度来探讨其语义是如何演变到现时状态的。笔者通过查询多位学者的汉字源流字典,如谷衍奎(2008)、魏励(2010)等,绘制了"皮"的语义网络图,如图3-1所示。

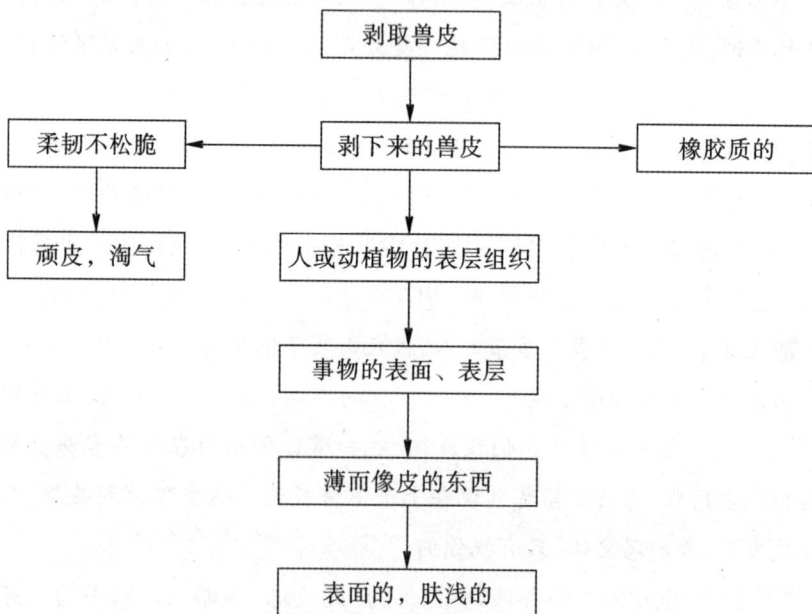

图3-1　"皮"类词的语义网络

图3-1中可见,"皮"最初的意义并不是我们在现代汉语词典中所看到的第一个义项"人或动植物的表层组织",而是动词义"剥取兽皮",表示一个

行为动作。《文字蒙求广义·卷四 形声》可提供佐证:"剥取兽革者谓之皮,因之所取谓之皮矣。者,谓其人也。引申凡物之表皆曰皮。凡去物之表亦皆曰皮。"从这段引文可知,"皮"初为动词,表示剥取兽皮,剥下的兽皮也称为"皮",在此基础上引申出"动物或植物体表层组织"义。一直到汉代,"皮"才可以用来指人的皮肤。随着汉语的发展,"皮"已经从"剥取兽皮"衍生出了不少别的义项,"剥取兽皮"之义就用"披"来表示,"皮"专门用作引申义;当"披"也专门用作引申义的时候,人们又采用"剥"来表示"剥取兽皮"之义。图3-1还可以看出现代汉语中"皮"的几个义项都是从"剥下来的兽皮"义引申出来的,因此,可以说义项"剥下来的兽皮"是现代汉语"皮"的原型意义,其他的几个义项均为衍生意义。衍生意义是通过转喻或是隐喻的方式从原型意义引申而来,呈现出散射型的引申方式,综合了链条型和辐射型两种引申方式。下文将着重用认知语言学的隐喻、转喻理论来分析探讨"皮"语义演化过程中的认知动因及所蕴含的认知模式。

从现有的三种语义演变理论来看,解释语义演变的条件和原因只能诉诸认知语言学的隐喻理论和转喻理论。"剥下来的兽皮"义为目前能够查到的"皮"的最早的义项,《文字蒙求广义·卷四 形声》中有:"剥取兽革者谓之皮,因之所取谓之皮矣。"这就是说"皮"最初可以指"剥取兽皮"的动作行为,也可以指"剥下来的兽皮"。如:

㊸岛夷皮服。夹右碣石入于河。(《今文尚书》)

㊹管子对曰:"审吾疆场,而反其侵地;正其封疆,无受其资;而重为之皮币,以骤聘眺于诸侯,以安四邻,则四邻之国亲我矣。"(《国语》)

后引申为"事物的表层组织"义,如:

㊺矢以柘若棘,毋去其皮。(《礼记》)

㊻食其皮汁,已愤厥之疾。(《列子》)

㊼食棘之枣,衣狐之皮,先王固用非其有而己有之。(《吕氏春秋》)

由上面例句可知,春秋战国时期,"皮"不仅可以指兽皮,还可以用来指植物的皮。到了汉代,才又发展出"人的皮肤"义,如:

㊽子欲知其效,比若人,有厚皮难得血,血出亦为伤矣;薄皮者易得血,血出亦为伤,俱害也。(《太平经》)

至此,才有了"皮"的"人或动植物的表层组织"义。从"剥下来的兽皮"到"事物的表层组织",再到"人或动植物的表层组织"的词义扩大过程,是隐喻机制起作用的结果,隐含了"皮就是表面"的认知模式。皮肤为人体最大的触觉器官,下面将具体分析"皮"在向物理环境域、思维认知域、社会交往域、空间域和情感态度域引申过程的演化条件和认知动因。

(一)从触觉器官域到物理环境域

转喻发生在同一个认知域内,以一事物的名称来取代另一事物,其重点并不是二者的相似,而是在二者的相关性,用一个范畴来激活同一认知域内的另一范畴。转喻既可以是整体与部分之间的转喻,也可以是同一整体内部不同构成部分之间的转喻。隐喻则涉及两个不同的认知域,其重点在于二者的相似性。转喻和隐喻共同构成了词义引申的认知动因。

1. 隐喻模式

"皮"从身体域的触觉器官到外部世界物理域的语义引申大部分是隐喻机制作用的结果,凸显外部世界物理环境域事物和触觉器官之间的某种相似性,而构成从身体域向外部世界物理环境域的直接投射。

"皮鞋""皮货""皮具""皮帽""皮衣"等从制作材料来讲都是皮制品,选择皮作为制作材料,具有保暖和保护身体的功能,这种功能和皮肤的保护身体的功能相似。因此构成了从身体域到外部世界物理环境域的隐喻映射。

"牛皮纸""羊皮纸""橡皮糖"等都跟皮肤没有直接的关系,仅仅凸显了相似的韧性和柔软性,构成从身体域到外部世界物理环境域的隐喻映射。

"橡胶"之所以可以用"皮"来表示,是因为加工后有相似的黏性,因性质相似而构成从身体域到外部世界物理环境域的隐喻映射。

"皮质""封皮""白皮书""白皮松""地皮"等的"皮"都是用来指包/围在事物外面的一层东西,因位置与皮肤在人体表面相似,而构成从身体域到外部世界物理环境域的隐喻映射,蕴含着"皮是容器"的隐喻。

"铁皮""草皮""豆腐皮""果丹皮"等则因形状上与皮肤相似,都是薄薄的一层,而构成了从身体域到外部物理环境域的隐喻映射,蕴含着"皮是表面"的隐喻。

"癞皮狗"指那些皮肤上长疥癣的狗,得疥癣病的狗患处会起水疱,破溃后有黄色油状物渗出,形成痂垢。局部会有剧烈瘙痒,使劲磨蹭后导致患部脱毛、皮肤增厚,视觉上会让人产生不愉快的感觉或是反感。这个词也可以引申用来比喻不要脸、卑鄙无耻之徒。该引申义的产生,正是由于长疥癣的狗和无耻之徒都具有令人反感的特征,从而构成了从身体域到外部物理环境域的隐喻。

2.转喻模式

"皮"从身体域到外部世界物理环境域的语义引申还有转喻机制的作用。如:

皮影是中国民间皮影戏所用的一种以兽皮(多为牛皮)制作的人物剪影,风格上与剪纸类似,但是人物的四肢和头部是用线连缀起来的,能够在表演的时候活动自如。皮影戏则是用皮影来进行表演的一种民间艺术形式。后来人们也用"皮影"来作为皮影戏和其主要道具皮制人物剪影的统称,这正是以部分代整体的转喻机制的作用。

(二)从触觉器官域到思维认知域和空间域

"皮毛""皮相"是"皮"由触觉器官到思维认知域的语义引申,从人体的浅表部分引申到学识浅,通过隐喻从具体的概念域映射到抽象概念域。

"眼皮子""嘴皮子"中从具体的概念域到抽象的思维认知域的语义延伸不仅蕴含着隐喻机制,还有转喻机制。"眼皮""嘴皮"分别是覆盖在眼部和嘴部的皮肤,以部分代整体,转喻指眼和嘴的功能,即视觉器官的视物功能和发音器官的言语功能,继而通过隐喻映射到思维认知域,用来指人的见识和口头表达能力。

同样的,"眼皮底下"的语义引申也有转喻和隐喻的共同参与,眼皮以部分代整体转喻眼睛的视物功能,又因肉眼能看到的距离有限,通过隐喻延伸到空间域,用来形容距离很近。

(三)从触觉器官域到社会交往域和情感态度域

皮肤具有柔软的特点,韧性和延展性都好,通过隐喻引申到情感态度域,用"顽皮""调皮"等来形容小孩子爱玩闹,类似的还有"俏皮"。但是"皮"从触觉器官域到社会交往域的语义引申以消极的情感态度居多,如"踢皮球""扯皮""刮地皮"等均为贬义。

第二节　英语触觉名词 skin 及其与汉语"皮"类词语义对比

一、skin 的认知语义

相对来说,英语中单词的语义分析就没有汉语的那么大费周折,不需要去考察词在合成词和短语词组中的用法,一部好的英语词典几乎可以列出该词的全部含义,因此词典中所罗列出的 skin 的义项就能够呈现该词的语义全貌。《牛津英语词典》(第2版)按照时间顺序详细列出了 skin 的释义:①动物的皮[the integument of an animal stripped from the body,and usually dressed or tanned (with or without the hair) ,or intended for this purpose;a hide, pelt,or fur;also occas.,an article made of this]。②牛皮纸或羊皮纸,用于书写和绘画(a complete hide of a sheep,calf,etc.,or a part of one,specillay prepared as parchment,or vellum and used for writing or painting upon)。③兽皮制作的用来盛放液体的容器(a vessel made of the hide of a small animal, such as a sheep or goat,and used for holding or carrying liquids,etc)。④鼓,鼓面(a drum-head; slang, a drum)。⑤人的皮肤[the continuous flexible integument forming the usual external covering of an animal body;also,one or other of the separate layers of which this is composed,the derma or epidermis;the bare (human)skin]。⑥任何在外形上或用途上像皮或皮肤的物质;任意物体或事物的外层(anything which resembles skin in nature or use;an outer coat or covering of anything)。⑦覆盖船的骨架或龙骨的外板或电镀铁(the planking, or iron plating, covering the ribs or frame of a vessel）。⑧讨厌的家伙（used as a term of contempt）。⑨光头仔（skinhead）。

　　skin 还可以用作动词，因动词义出现得比名词义晚，且不是本研究的考察对象，所以就不再一一列出 OED 中 skin 的各个义项，仅挑选了现代英语中常用的 skin 的动词义，即：表示行为动作"剥皮，削皮""擦破（身体某部位的）皮肤"，如"You will need four ripe tomatoes, skinned and chopped. 你需要四个成熟的番茄，去皮后剁碎""He skinned his knees climbing down the tree. 他从树上爬下来时擦伤了膝盖皮肤"[①]。

　　从英语词典的编纂原则来看，一般都会把该词在现代规范英语中的典型、中心意义放在所有义项的首位，作为该词的核心义。这个核心义不一定是最古老的意义，也并不一定总是最常用的意义，有的时候引申义会比这个核心义更为常用，但是这个核心义一定是英语母语者感觉到的最接近字面、最中心的意义。按照原型范畴理论，可以把每个词的语义看作一个范畴，其所有义项都是该范畴的成员，其中基本意义具有原型意义，是该词词义引申的基础。OED 为研究型词典，每个词条所列的义项并不是按照使用频率排列的，而是按照义项出现的先后顺序排列的，其第一个义项可能并不是生活中最常用的意义，但一定是其最初的含义，所以，OED 所列的 skin 的第一个义项为该词的原型意义，义项②到义项⑨为其衍生意义。

　　skin 的原型意义为"动物的皮"。这里所指的动物的皮即"兽皮"，是从动物尸体上剥下来的皮、毛皮或是不带毛的皮，未经过鞣制加工的"生皮"。如：

　　①Beneath is stretched a leather apron, or **skin**, to catch the fillings. [②]
　　填充物就放在下面铺的那层皮质围布或皮子上。

　　由于生皮是还没有经过加工的皮子，所以常用来比喻不成熟的行动，或对某件事的期望过于乐观，如：

---

　　①　此处中文翻译不再添加括号。本研究存在诸多英文句子（词组）后附中文翻译的情况，若逐一添加括号，易影响阅读流畅性，给读者阅读带来不便，故此后凡涉及类似情况，不再一一添加括号。
　　②　本研究中的英文例句，如果没有特殊说明，均来自《牛津英语词典》（第 2 版）。

②I don't like to divide the **skin** before we have caught the bear.

我不喜欢还没抓到熊就想剥熊皮的事,现在还为时过早。

skin 的义项②、③、④、⑥和⑦都是从触觉器官域到外部世界物理环境域的语义引申,语义引申的机制为隐喻或转喻。

义项②为"牛皮纸或羊皮纸",这里所说的牛皮或羊皮可以是一整张,也可以取一部分,经过处理后用来书写或绘画。如:

③Parchment,The Persians of old…wrote all their records on **skins**.

羊皮纸手稿,古波斯人……所有的记录都在羊皮纸上。

义项③为"兽皮制作的用来盛放液体的容器",如"two skins of oil 两个装油的皮囊",蕴含了"皮是容器"的概念隐喻。现代汉语中自然也有"酒囊""水囊"等皮制容器,其中的"囊"是一种口袋状的容器,"酒囊"和"水囊"为盛酒和水的容器,从构词上来看和"皮"没有联系。

义项④为"鼓,鼓面"。乍一看,鼓面似乎跟"皮"毫无关联。实际上,鼓面通常为皮制面。早期的时候多用兽皮来做鼓面,后来多用牲畜皮,如牛皮、羊皮、驴皮等动物皮,虽然现在也有塑胶或纤维所制成的鼓面,但还是以羊皮的鼓面居多。如:

④They come in with **skins** with holes in.

他们带着有洞的鼓进来了。

义项⑤为"人的皮肤",从"兽皮"发展到该义是隐喻机制作用的结果。该义项大约是在中古英语时期才发展出来的;相似的,汉语中的"皮"用来指人的皮肤大约是在汉代的时候,从时间上来看要比英语中"人的皮肤"义的出现要早得多。如:

⑤The **skin** of children newly brought forth,is always red.

新生儿的皮肤总是红通通的。

义项⑥和义项⑦中可见英语中也存在着因形状相似或位置相似而用skin 来对其他事物命名的现象。义项⑥为"任何在外形上或用途上像皮或皮肤的物质;任意物体或事物的外层",该义项还有四个子义项:"水果或蔬菜的外皮""液体冷却后或置于空气中表面形成的一层膜""电脑程序的界面""覆盖动物身体内部任何器官的一层膜"。如:

⑥Cucumbers are so good in Aleppo, that…the Francks also eat them green, **skin** and all.

阿勒波(叙利亚的一城市名)的黄瓜非常好,以致……弗兰克一家没等黄瓜成熟就连皮一起吃了。

⑦The heat of boiling water would not…produce a **skin** upon milk without the presence of air.

没有空气的话,沸水的热量不会……在牛奶表面形成一层皮。

⑧It is this white solid substance which forms the thin **skin** on the surface of the water.

就是这种白色固体状物质在水面形成了薄薄的一层皮。

义项⑥的产生主要是隐喻的作用,不管是位置相似还是形状相似,都是从触觉器官域到物理环境域的直接投射。

义项⑦如例⑨和例⑩所示,"覆盖船的骨架或龙骨的外板或电镀铁",可以引申指飞机或太空飞船的外壳。这里包含了"皮是容器 SKINS ARE CONTAINERS"的概念隐喻,如"the metal skin of the aircraft 飞机的金属外壳""the outer skin of the earth 地壳"。如:

⑨The boat is most substantially constructed;…the **skin** being of mahogany three-eighths of an inch thick.

这艘船大体上建好了;……做龙骨的桃花心木都有八分之三英寸那么厚。

⑩Here in the aircraft everything was firm and steady and secure; the even tremor of the engines, the faintly heard rush of air over the outer **skin**, these bred confidence.

飞机上的一切都很牢固、平稳和安全;引擎的轻微颤动、隐约可听到的气流擦过飞机外壳的声音,这一切都给了人信心。

义项⑧"讨厌的家伙",是从触觉器官域到情感态度域的语义引申,如例⑪和例⑫所示,用于表达对某个人的最大程度的蔑视。这其实也是一种转喻的用法,以部分转喻指整体。如:

⑪Ye're naething but a nasty **skin**①.

你真是个令人讨厌的家伙。

⑫Occasionally he would refer to the president of the Off-shore Wrecking Company, his former employer, as "that **skin**".

偶尔,他会把他的前雇主,近海打捞公司的老总,称作"那个家伙"。

义项⑨"光头仔"如例⑬所示,采用复数形式 skins,也可以写作 skinhead。20 世纪 60 年代,伦敦兴起了光头党文化,起初只是在工人阶级青年中流行,后来迅速传播到英国的其他地方,到 80 年代的时候光头党文化达到顶峰,席卷全世界。光头党文化在发源之初和政治并没有关系,主要和这些工人阶级青年对待时尚和生活方式的态度有关。光头党青年的穿着打扮更符合他们的工作环境和经济条件:他们剪短或剃光头发,身穿衬衫、直筒牛仔裤,脚蹬马丁靴。这种装扮成了当时工人阶级青年的时尚,是对当时中产阶级嬉皮文化的一种反叛,当然也方便了工作和打斗。skins 和 skinhead 就是采用了转喻的认知模式,用光头党的发型特征来代替这一类青年。如:

⑬The picture is complicated: there are black **skins**, and there are non-violent **skins**…Certainly, many of the **skins** are thugs.

画面有点复杂,有黑皮肤的光头仔,也有非暴力的光头仔……当然,大部分光头仔都是暴徒。

skin 还有个非正式的用法,通常用作修饰语,表示与色情作品等相关的,如 the skin trade。skin trade 最初仅仅是指兽皮贸易,到后来才发展出了色情产业的意思,属于隐喻用法。

从以上分析可看出,skin 的语义通过隐喻和转喻的认知手段可以从触觉器官域投射到物理环境域和情感态度域,以向物理环境域的延伸为主;skin 的语义引申中主要涉及"皮是容器""皮是表面"的隐喻模式。

我们根据 skin 的历时演变顺序,绘制了其语义网络图,如图 3-2 所示。从这张图可见,以义项"动物的皮"为中心,衍生出了其他 8 个义项。8 个衍

---

① 该例句源于 OED 第 610 页,单词拼写形式年代为 1825 年,不同于现代英语的拼写形式。

生义项是通过隐喻或是转喻的方式从原型意义引申而来,呈现出散射型的引申方式,兼有链条型和辐射型两种引申方式,以辐射型引申为主,链条型引申为辅。

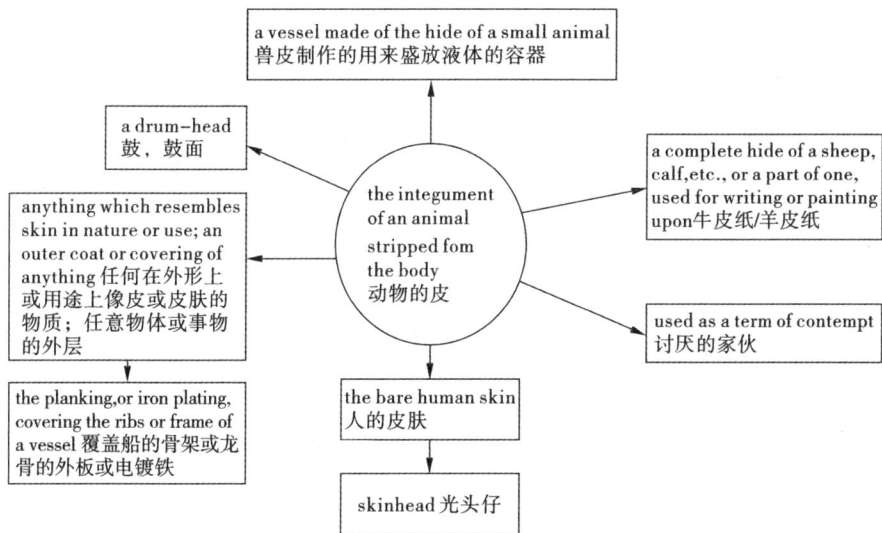

图 3-2 skin 的语义网络

二、skin 和"皮"类词的认知语义对比

从上文的分析中可见,"皮"类词和 skin 具有相同的语义引申规律,都是从具体的概念引申到抽象的概念。下文将从原型意义、衍生意义和认知模式 3 个方面来进行详细对比。

(一)相似的原型意义

原型范畴理论认为原型意义是一个词的语义范畴内最为典型的成员,处于范畴结构的中心位置。范畴中的原型并不是固定不变的,随着社会的发展和人类认知的发展,原型也会发生相应的变化。"皮"和 skin 的原型意义的变化都很好地诠释了范畴中的原型并不是一成不变的。从图 3-1 中可见,"皮"的原型意义为"剥下来的兽皮";而《现代汉语词典》(第 7 版)中列出的"皮"的第一个义项为"人或生物体表面的一层组织",该义项为现代汉语中最为常见、使用频率最高的义项,可以视为现代汉语中"皮"的原型意义。图3-2中可见,skin的原型意义为"动物的皮";而在《牛津英语词典》(第2版)等学习型词典中,skin的第一个义项为"动物的皮",该义项为现代英语中最为常见、使用频率最高的义项,可以视为现代英语中skin的原型意义。

由此可见,汉语的"皮"和英语的skin的原型意义是相似的,在产生之初都指"动物的皮",后来都发生了变化,所指范围有所扩大,都可以用来指人的皮肤。

不同的是,汉语的"皮"可以用来指所有动物的皮,不管是大型、中型还是小型动物;而英语中的skin更为准确地讲,是用来指羊、小牛等小型动物的皮,如"the skin of a calf 小牛皮""skins of the smaller animals 小动物的皮",若是公牛等大型动物的皮则常常用hide。

还有一点不同之处,那就是汉语的"皮"除了指动物的皮和人的皮肤之外,还可以指植物的表皮,如"桂皮""树皮""果皮"等;而英语的skin只能用来表示果蔬或香肠(sausage)的外皮,使用范围相对来说比汉语的"皮"狭窄一些。

(二)有同有异的衍生意义

从语义引申的结果来看,汉语的"皮"类词和英语的skin的衍生意义既存在共性,也存在差异。二者都有从触觉器官域向物理环境域和情感态度域的语义引申,不同的是汉语的"皮"类词还有从触觉器官域到社会交往域、空间域和思维认知域的语义引申。表3-2和3-4分别列出了二者语义引申中的共性,表3-3、3-5、3-6和3-7则分别列出了二者语义引申中的差异。

从表3-2中可见,"皮"类词和skin都有基于位置相似和形状相似从触觉器官域到物理环境域的隐喻映射,如"皮质""铁皮""banana skin"等;其中因位置相似而引起的隐喻都蕴含着"皮是表面"的隐喻模式。表3-3可见,汉语的"皮"类词还有基于性质相似和功能相似向物理环境域的隐喻引申,而英语的skin则没有此种用法。

表 3-2 "皮"类词和 skin 从触觉器官域到物理环境域语义引申的共性

物理环境域	汉语"皮"类词举例	英语 skin 举例
物体表面(位置相似)	皮质,封皮,地皮,白皮松	banana skin 香蕉皮,sausage skin 香肠外皮
薄而像皮的东西(形状相似)	铁皮,草皮,豆腐皮,果丹皮,麸皮	a skin of dried skimmed milk 干脱脂牛奶皮

表 3-3 "皮"类词和 skin 从触觉器官域到物理环境域语义引申的差异

物理环境域	汉语"皮"类词举例	英语 skin 举例
柔韧而滑的(性质相似)	皮糖,皮实,皮纸,橡皮糖	—
橡胶质的(性质相似)	橡皮,橡皮泥,橡皮擦,橡皮圈	—
皮革制品(功能相似)	皮鞋,皮袄,皮衣,皮靴	—

表 3-4 "皮"类词和 skin 从触觉器官域到情感态度域语义延伸的共性

情感态度域	汉语"皮"类词举例	英语 skin 举例
贬义	调皮,顽皮,泼皮	You are nothing but a nasty skin. 你就是个令人恶心的家伙!
褒义	俏皮	He seemed a decent old skin. 他看来是个好人。 I am ready even to skip out of my skin for joy! 我乐得找不着北了!

表 3-4 可见,"皮"类词和 skin 都有从触觉器官域到情感态度域的引申义,褒义和贬义两种感情色彩都有。"皮"类词引申到态度域多为贬义,表示因常受叱责而不在乎,变得厚颜和淘气,如"顽皮""调皮"等,也有"俏皮"表示聪明、活泼、可爱,为褒义。英语的 skin 既可以表示贬义,用于表示对人最大程度的蔑视,也可以用于褒义,不带有任何贬低色彩,如"He's a good skin. 他是个好人,和蔼可亲""Poor Joe is a decent skin. 可怜的乔是个好人"。

表3-5 "皮"类词和 skin 从触觉器官域到思维认知域语义延伸的差异

思维认知域	汉语"皮"类词举例	英语 skin 举例
见识/学识深浅	皮毛,皮相,眼皮子	—
口才	嘴皮子,磨嘴皮	—

表3-6 "皮"类词和 skin 从触觉器官域到社会交往域语义延伸的差异

社会交往域	汉语"皮"类词举例	英语 skin 举例
推诿,说大话(贬义)	扯皮,踢皮球,吹牛皮	—
面子	脸皮薄,脸皮厚	—

表3-7 "皮"类词和 skin 从触觉器官域到空间域语义延伸的差异

空间域	汉语"皮"类词举例	英语 skin 举例
距离很近	眼皮底下	—

表3-5、表3-6 和表3-7 中可见,汉语的"皮"类词有从触觉器官域到思维认知域、社会交往域和空间域的语义引申,而英语的 skin 则不具备这三种引申义。汉语的"皮"类词语义引申到社会交往域,多为贬义,如"扯皮""踢皮球""吹牛皮"。

(三)相同的认知模式

"皮"类词和 skin 的语义引申认知动因是相同的,都是隐喻机制和转喻机制起作用的结果。二者在语义引申中有着相同的隐喻模式,如表3-8 所示;除了隐喻模式,二者语义引申也都蕴含着部分代整体的转喻模式。

除了隐喻模式,二者的隐喻引申中也都蕴含着以部分代整体的转喻模式。英语中有"You are nothing but a nasty skin. 你就是一个令人讨厌的家伙",这里以部分代整体,用 skin 来代指某个令人讨厌的家伙。"皮"作为构词要素构成的合成词如"皮影"等就是以部分代整体的转喻机制引起的语义引申。

表3-8　"皮"类词和 skin 语义引申中涉及的共同隐喻模式

隐喻模式	汉语"皮"类词举例	英语 skin 举例
皮是容器	封皮,地皮,车皮	the metal skin of theaircraft 飞机的金属外壳, the outer skin of the earth 地壳, two skins of oil 两个盛油的皮囊
皮是表面	铁皮,草皮,豆腐皮	the thin skin on the surface of the water 水面一层薄薄的皮

（四）同一概念的不同语义引申机制

　　"皮"类词和 skin 的语义引申中还存在着一个特殊的现象:表示同一概念的词在汉英两种语言中可能是由不同的语义引申机制产生出来的。如汉语中有"牛皮纸"和"羊皮纸",英语中有 skin 可以用于书写或绘画。这里的 skin 和"牛皮纸""羊皮纸"具有相同的含义,但是其语义引申蕴含着不同的认知模式。我们都知道,牛皮或羊皮是造纸术发明之前欧洲风行的优质书写材料,纸张普及之后羊皮纸就逐渐走向衰落。现代汉语中的"牛皮纸""羊皮纸"是一种黄褐色的、耐用度高的包装材料纸,是"皮"的隐喻用法;而英语中的 skin 用作书写或绘画的"羊皮纸""牛皮纸"是经过处理的兽皮的功能的体现,以 skin 这个整体来代指其功能,属于转喻用法。可见,"皮"类词和 skin 的同一个义项的产生可能具备不同的语义引申机制。

本章小结

　　本章主要对比分析了汉英触觉名词"皮"类词和 skin 的认知语义,揭示了二者认知语义的共性和差异,并分析了二者语义引申的方式和认知动因,阐释其语义引申中蕴含的隐喻模式和转喻模式。

　　从语义引申方式来看,"皮"类词和 skin 的语义网络都呈现出散射型的引申方式,综合了链条型和辐射型两种引申方式。但是"皮"类词的语义引申以链条型为主,辐射型为辅,而 skin 的语义引申方式则正好相反,以辐射型引申为主。

　　从语义引申的认知动因来看,汉语的"皮"类词和英语的 skin 的语义引申都是隐喻或转喻机制的作用,二者语义引申中都隐含着"皮是容器""皮是表面"的概念隐喻。除了概念隐喻之外,二者的语义引申中也都蕴含着以部分代整体的转喻模式。从语义引申规律来看,汉语的"皮"类词和英语的 skin 都是从具体的概念引申到抽象的概念。

第四章　汉英触觉动词认知语义对比

第一节　感官动词的认知语义类型

通常，人们把英语中的感官动词分为感官动作动词、感官感知动词和感官联系动词三类。感官动作动词表示动作，感官感知动词以感知主体为主语，表示感知主体的体验，而感官联系动词则以感知客体为主语，用于对感知客体进行描写。Rogers(1971)提出感官动词可以分三类：主动型感官动词、体验型感官动词和描述型感官动词。汉语中没有专门的感官联系动词，为了叙述方便，本研究采用 Rogers(1971)的分类方式，主动型感官动词即我们常说的感官动作动词，体验型感官动词即感官感知动词，描述型感官动词即感官联系动词。

就感官动词的语义来讲，林正军(2007)把英语感知动词的词义划分为三个域：感官感知域、心理感知域和非感知域。与此相对应，英语感知动词的词义就可以分为感官感知义、心理感知义和非感知义三类。在此基础上，林正军(2007)进一步把英语感知动词的感官感知义分为结果感知义、动作感知义和关系感知义三类。因此同一个感知动词在表达不同的感知义的时候就有不同的感知意象，当以感知主体对受事感知对象的探查为焦点时，所产生的感知意象体现的是感官动词的动作感知义；当以受事感知对象对感知主体的刺激为焦点时，所产生的感知意象体现的就是感官动词的结果感知义；当以受事感知对象的性质特征对感知主体的刺激为焦点时，所产生的感知意象体现的就是感官动词的关系感知义。在实际使用中，感官感知域和心理感知域都可能有结果感知义、动作感知义和关系感知义(林正军，2011:12)。本研究在阐释汉英触觉动词语义时借用林正军对英语感知动词词义的划分方法，同样把汉语触觉动词的语义分为三类：感知词义、心理感知义和非感知义。因为心理感知域也可能有结果感知义、动作感知义和描述型感知义①，所以下文将从动作感知义、结果感知义、描述型感知义和非感知义四个方面来阐释汉英触觉动词的语义及其句法表现。

英语中的触觉动词 feel 兼属主动型触觉感官动词、体验型触觉感官动词和描述型触觉感官动词，而现代汉语中的单音节词"摸"则无法兼属这三种类型的动词，"摸"构成的双音节可以归为体验型触觉感官动词或主动型触觉感官动词，却缺乏专门的描述型触觉感官动词。具体可见表4-1。

表4-1　汉语和英语触觉感官动词分类

主动型触觉感官动词		体验型触觉感官动词		描述型触觉感官动词	
汉语	英语	汉语	英语	汉语	英语
摸 摸着(zhe) 摸过 摸一摸 摸了摸 摸了一摸 摸摸看	feel feel for	摸到 摸着(zháo) 摸清 摸透	feel	摸上去 摸起来	feel

第二节　汉语触觉动词的认知语义分析及用法

一、"摸"类词的认知语义及句法表现

(一)"摸"类词

"摸"为后起字，在古代本作摹，从手，莫声。本读阳平 mó。《说文解字》中有对"摹"的解释："规也。从手，莫声。莫胡切。"从中可见"摹"最初

---

① 相当于林正军(2011)所提出的关系感知义。因为笔者把感官动词分为主动型感官动词、体验型感官动词和描述型感官动词，为了表述方便和前后一致，就用描述型感知义来表示描述型感官动词的语义。

是"法度,规制"义。引申为"仿效、描摹"。又引申为"摸索、探索"。于是形音义小变,字形改为左形右声,作"摸",字音读阴平,字义是用手接触或轻轻抚摩。《广雅·释言》对"摸"的解释如下:"摸,抚也。"古代汉语中常见的典型触觉动词为"触"和"摸"。现代汉语中的"触"很少单独使用,而是作为构词语素使用,常见的词有"触碰""触摸"等;而"摸"是现代汉语中一个典型的触觉动词,《现代汉语词典》(第 7 版)列出了"摸"的四个义项:①用手接触一下(物体)或接触后轻轻移动。②用手探取。③试着了解;试着做。④在黑暗中行动。《现代汉语常用词表》(第 2 版)中列出了 25 个含有"摸"的常用词,其中"盲人摸象"和"瞎子摸象"意义相同,只取词频较高的"盲人摸象",四音节词"偷偷摸摸"由双音节词"偷摸"扩展而来,而且是副词,只保留双音节词供研究。"摸着石头过河"为熟语,超过四个音节,不纳入研究范围,因此本研究中用作"摸"语义研究的词为 22 个,详见表 4-2。

表 4-2 《词表》中"摸"的语义及构词情况

"摸"的释义		《词表》中含有"摸"的词
本义	触摸/轻抚	摸高,摸头,盲人摸象,触摸,抚摸
引申义	探取/寻找	摸彩,摸奖,浑水摸鱼,偷鸡摸狗,掏摸
	探索/试着了解	摸门儿,摸索,摸准,顺藤摸瓜,寻摸
	暗中进行	摸黑儿,摸营,偷摸,摸爬滚打
	猜测/推测	估摸,捉摸
	大概/大约	约摸

从语义上来讲,表 4-2 中可见的"摸"及含有"摸"的词的语义均为动作感知义(前四个义项)和非感知义(后两个义项),没有结果感知义和描述型感知义。"摸"作为单音节主动型触觉动词,表示触觉动作,可以单独使用,也可以跟时体助词连用,如"摸着""摸了";"摸"和"到"连用后跟结果补语,就是体验型触觉动词用法。汉语中虽然没有专门的描述型动词,但是可以用"摸上去""摸起来""摸着"等以感知对象为主语、后跟谓词性宾语的构式来表达和英语中描述型触觉动词 feel 同样的意思。

因此,表 4-2 中前四个义项的"摸"要表达结果感知义时需要借助结果补语"到"构成述补结构"摸到",后面可以跟宾语;表达关系感知义时必须借助"上去""起来"等趋向动词构成"摸上去""摸起来"等动趋结构,后跟谓词性成分做补语。感官感知义不仅可以存在于物理域,还可以存在于心理域,表示心理动作感知义。非感知义完全是心理范畴的意义,表示人的心理活动。

从句法功能上讲,"摸"和含有"摸"的动词都是充当谓语。从共现成分来看,当"摸"用作主动型触觉动词时,所在句子中有一个必不可少的论元,即感知主体,通常充当主语;另外一个论元——感知对象则可有可无,若有即为宾语;这时"摸"仅用来表示手部触觉动作,用于描述一种行为。当"摸"用作体验型触觉动词时,所在句子中两个论元都需要同时出现,一个论元为感知主体,另外一个为感知对象,充当结果补语;这时"摸"用于描述感知主体的体验,主观性较强,感知者根据体验所做出的判断可能是真实的,也可能是错误的。汉语中没有专门的描述型感官动词,当"摸"和"上去""起来"等搭配用于描述型结构中时,往往不需要感知主体出现,此时感知对象是必不可少的,通常充当"摸上去""摸起来"等的主语。

因为"摸"为"摸"类词的核心构词要素,双音节动词的语义都包含在单音节词"摸"的语义中,因此下面的语义和句法表现分析将以单音节词"摸"为主,详细阐释单音节动词"摸"的动作感知义、结果感知义、描述型感知义和非感知义,以及句法表现。

(二)"摸"类词的动作感知义

表4-2中所列第一个释义"触摸/轻抚"为"摸"的基本义,能够体现人们对外部世界的感知意象,可视作原型意义。第二个释义"探取/寻找"由原型意义引申而来,从原本的接触物体表面引申到把手伸到容器中寻找并探取物体,从触摸的空间域由二维扩大为三维;如果是消极性质的探取,即变成了"偷",如"偷鸡摸狗"。"触摸/轻抚"义和"探取"义的"摸"在用法上有很多相似之处。"探索/试着了解"义和"暗中进行"义也是"摸"的引申义,可以表示感官感知,但是不存在具体的物理域触摸动作。下文将从"摸"的共现成分和句法功能着手分析各个不同义项"摸"的句法表现。

1. "触摸/轻抚"义

作为常见的高频触觉感官动词, "摸"表示用手进行触摸感知。其共现成分有主语、宾语、补语(结果补语除外)和动态助词。因为结果补语能够表示结果感知义,所以在动作感知义的共现成分中不讨论结果补语。

(1)共现成分——主语

"触摸/轻抚"义是人的手部动作,所以通常情况下"摸"的感知主体应该是人。如例①至例④,感知主体"游客""宋子良和宋子安""小冯"为指人名词,"她"是人称代词。例⑤中有两个"摸",第一个"摸"的主语是"手",为人体最常用的触觉器官,第二个"摸"没有明确感知主体,但是从上下文语境可知,感知主体为任意一位做该实验的人。

①游客在欣赏每一尊蜡像作品的同时,与蜡像抚肩摸头,拉呱照相,听到那些兴高采烈的欢笑声像是置身在一个"艺术墟场"。

②宋子良和宋子安在车厢里拧这摸那,高兴地乱跑乱窜……

③她一摸我的额头很凉,就真的以为我生病了……

④小冯一开始是与那个战士一块凑,上去摸人家的枪。

⑤这是通过手摸来比较宽度的实验,摸时不需看。

(2)共现成分——宾语

"触摸/轻抚"义的"摸"可以带宾语。其宾语即受事对象,既可以是体词性宾语,如例⑥中"摸"的宾语"心口"为人体部位名词;也可以是动词性宾语,如例⑦,还能带小句宾语,如例⑧。有的时候,"摸"也可以不带宾语,如例⑨和例⑩。

⑥一看里面卷着一个年轻人,老头一摸心口,忙说:"还活着呢。"

⑦我赶快起来,赶到煤窑去推车,摸摸装满了没有。

⑧每到一处,他总要摸摸农民的炕头热不热,看看锅里有没有吃的。

⑨那寨克什中箭以后,用手一摸,左边耳朵没有了,半个面部血流不止……

⑩这种情形就宛如一个儿童被某一个玩具迷住一样,本来只是"想摸摸看"的心情,立刻变成"要买"的意愿。

（3）共现成分——补语

"摸"可以后跟"数词+量词""时间+量词"构成的数量补语，如"摸三下""摸几次""摸一把""摸一会儿"等。数量补语表示在此范围内动作已结束。如：

⑪他伸出手，似乎想在姐姐头上摸一把。

⑫在庙中烧过纸，要我到柱上去摸三下，据说这样可以解脱父亲，死后的人被鬼神逮去，一定系在柱上的。

⑬红斌在结束动作翻跟头时崴了一下脚，站定后下意识用手摸了一下脚。

⑭我带他走到修车厂后面，然后伸手到门上摸索，摸了一会儿就找到藏在那里的钥匙。

"摸"还可以后跟可能补语，如"摸不得""摸不着"等。如：

⑮若授权没有明确的目标职务，被授权者在工作中摸不着边际，无所适从，整个组织就会失去战斗力，甚至造成混乱。

⑯有个"老大难"单位，过去就是老虎屁股摸不得。

⑰电的脾气专横、暴躁，又是看不见、摸不得的，只有顺着它的脾气，才能驾驭它。

⑱我握着总理右手的脉搏，已摸不到了，他的手臂皮肤慢慢地变凉了，汗亦少了，脸色发乌。

⑲它看不见，摸不着，甚至说不清，但它存在。

除了数量补语和可能补语，"摸"还可以后跟趋向补语，如"摸出了手印""这是什么，你能摸出来吗"。

（4）共现成分——时体助词

除了"了"，"摸"还能和时体助词"着""过"连用。

⑳朱镕基沉默良久，摸着斑驳的桌面感慨道："很艰难啊！"

㉑一个从未摸过弓箭的人，经他训练一个月就可开弓射箭，两个月后就可达到一级运动员标准。

㉒丽月伸出手去摸了一摸小弟的光头，小弟突然间咕噜咕噜笑了起来，笑得前后乱晃。

（5）句法功能

"触摸"义的"摸"可以重叠使用,用于表示短暂的触摸或尝试的情态,具体形式有:"摸摸""摸一摸""摸了摸""摸了一摸""摸摸看"等。这些重叠使用动词中的第一个"摸"为实义词,第二个"摸"动词意义虚化。

㉓张先生惊恐地再看了一下黑板,检查有没有写错了字,随即又摸了摸头,将了将衣服,看自己在哪里出了洋相。

㉔别光瞅着,摸摸看。这可不是玻璃球,颗颗都是相当于一个人身价的明珠啊。

㉕总书记摸摸你的脸蛋,拍拍他的肩膀,为你整整背包,为他扯扯衣襟,慈祥地和"城里娃"们交谈。

㉖他背倚救命树席地而坐,摸摸骨骼,试试腿脚,还好。

㉗江菊霞装腔做（作）势地有意轻轻摸了一摸自己的腮帮子。

例㉔中的"摸摸看"的重叠形式用来表现实施"摸"这一行为动作时的主观态度,不能与时体助词"着""了""过"合用,这个结构在语音上具有独立性,句法上也具有独立性,在该句中充当谓语,表示说话人对听话人提出的主观建议;从形式上来看,"摸摸看"没有宾语,但从语义上来讲是有后续内容的,"摸摸看"即"摸摸看是什么感觉",意在得出某种认识或判断。此时的"摸摸"和前文例⑧的"他总要摸摸农民的炕头热不热"中的"摸摸"相比,虽然也有短时动作义,但是多了尝试的意味。

2."探取/寻找"义

"探取/寻找"义是在"触摸/轻抚"这个原型意义基础上通过扩大触摸空间隐喻引申而来的,若是消极性质,就变成了"偷取"义,如"偷鸡摸狗""偷摸"等。因"偷取"义是"探取/寻找"义消极化产生的,其中蕴含着"摸就是偷"的隐喻,在此对"偷取"义不做专门分析,仅分析该义项的积极意义。

（1）共现成分——主语

"探取/寻找"义的"摸"感知主体可以是指人的名词,如例㉙的"孩子",也可以是人称代词,如例㉚中的"他"。例㉘虽然没有明确表明"摸"的感知主体,但是从上下文语境可判断该动词的感知主体应为听话者。

㉘欺山不欺水,不要随便下河洗澡,更不要单独下河摸鱼啊!

㉙但我还是要在此奉劝一句别让孩子去摸奖。

㉚为了求学,他当"破烂王",他冬日下水摸鱼挖藕。

(2)共现成分——宾语

"探取/寻找"义的"摸"可以带体词性宾语,如例㉛和例㉜中的具体名词"鱼"和"钱",例㉝中泛指各种抽象或具体事物的名词"东西";还可以带动词性宾语,如例㉞。除了体词性宾语和谓词性宾语之外,还可以带小句宾语,如例㉟。有时,"摸"还可以不跟宾语,如例㊱。

㉛糊涂战,是指既不知彼,也不知己,如瞎子摸鱼似的。

㉜就在琴声传出的二、三秒钟内,我看到已经有许多乘客开始摸钱了。

㉝但此时,陈×突然大声威胁说:"你夺了我的刀,我还有枪。"并用手往腰里摸东西。

㉞你摸摸有火柴没有?①

㉟你摸摸上衣兜儿里的车票还在不在?

㊱陈在口袋里摸摸,拿出一叠纸,很明显是轮船到达的单子。

(3)共现成分——补语

"摸"可以后跟数量补语,如:

㊲"好吧,就用它去送个人情。"孟吉在衣袋里摸了一会儿,将一只手掌拍到摊主掌心,"给你钱。"

㊳他在口袋里摸了半天,摸出张纸条来。

㊴姚俊杰还不放心,又亲自将他的所有口袋摸了一遍,并无他物。

㊵那生客想看看表,但摸了很久,摸到第9只衣袋才摸到。

"摸"也可以带可能补语,如:

㊶即使摸不到大鱼,经济收入也远高于高校和科研机构。

㊷我有种不祥的预感,伸手去摸放在贴身衬衣口袋里的那根防蛇的药草,却怎么也摸不到了。

例㊶中的"摸不到大鱼"为"摸"加上可能补语"不到"后跟宾语"大鱼"构成,该处其实为比喻用法,用"摸鱼"来比喻"赚钱","摸不到大鱼"即"赚

---

① 例㉞、例㉟和例㊳原本出自CCL汉语语料库,因语料库更新,截至出版时已无法查询到原句。

不到大钱"或"赚钱不多",包含了"摸到即得到,摸不到即得不到"的隐喻。

"摸"还可以带趋向补语,如:

㊸他整天不干正事,又到河里摸上鱼了。①

㊹匪徒们在他身上摸起钱来。

㊺他摸开大人的衣服兜了。

㊻蛤蜊摸上来了。

(4)共现成分——时体助词

"摸"可以无条件带时体助词"着、了、过",如:

㊼摸了很久,摸出一张纸条。

㊽他在河里摸着鱼呢。

㊾你摸过衬衣兜儿吗?

(5)句法功能

"摸"可以重叠使用,具体形式有"摸摸""摸了一摸"等。如:

㊿他们急坏了;医院,上医院得要押金;摸摸口袋,他们的主意打消了。

(51)她的颈项里和头上侵入了一些细小的沙粒,她不在意地在颈项里摸了一摸,眼睛仍旧注视着前面。

3."探索/试着了解"义

前面所说的"触摸/轻抚"义和"探取/寻找"义为物理域的感知义,"探索/试着了解"义的"摸"就不是在物理域的感知义了,而是心理域的感知义。人类会通过对客观事物的触摸来获得对该事物的认识,把这种身体部位在物理域的活动运用到心理范畴,把心理范畴的"规律""情况""性格""脾气"等作为认识和了解的对象,"摸"的身体部位动作义消失,突出了心理活动义,从物理域的感知到心理域感知的隐喻映射就此完成,其中蕴含着"摸就是认识""摸就是了解"的隐喻。该义含有尝试着探索的意味,如"摸着石头过河"。

(1)共现成分——主语

该义项为"探索/试着了解",其主语必须具有指人的语义特征,可以是

---

① 例㊸和例㊾原本出自CCL汉语语料库,因语料库更新,截至出版时已无法查询到原句。

人称代词,也可以是指人名词,如例(52)。有的时候主语并不出现,如例(53),但是通过上下文语境可知,隐含的主语是任意一个试图要打开那把锁的人。

(52)王耀武见了蒋介石之后,又去见总统府军务局长俞济时,想摸摸蒋介石的整个方针。

(53)那是一把老式铜锁,不摸窍门打不开。

(2)共现成分——宾语

试探义的"摸"的宾语,不仅可以是"规律""窍门""情况"等体词性成分,也可以是谓词性成分,如"你去摸摸有什么窍门",还可以是小句,如"你去摸摸他有什么经验"。

(54)他的态度是,到一线去,边干边学,在干中摸规律,增长水平和指挥艺术。

(55)他下车间、摸情况、找症结。

口语中还常用"摸头儿"表示由于接触而对某事有所了解,用"不摸头儿"来表示不了解情况。如:我刚来,这些事全不摸头儿。

(3)共现成分——补语

"摸"可以带数量补语,如:

(56)他一头扎到连队两个月,十几个连队挨个摸了个遍,把调查了解到的十几个问题摆到了党委会上。

还可以带可能补语,如:

(57)他们不深入实际,不深入群众,当然,也就听不到真话,摸不到实情,靠"拍脑门""想当然"是不可能有科学决策的。

(58)我觉得,她在葡萄牙即使再学三年汉语,恐怕也摸不到唐诗、宋词的皮毛。

(59)……有的是叫人摸不到深浅,猜不透到底是赞成还是反对或是另有高见,一旦事发,他可以留有余地,为自己辩解。

(60)所以,对于很想从事创作又摸不到门道的海明威来说,安德森是最佳引路人。

除了数量补语和可能补语,"摸"也可以带趋向补语,如:

(61)他的想法我都摸来了。[1]

(62)他们的活动规律你摸出来了嘛?

(4)共现成分——时体助词

可以和时体助词“着、了、过”连用,如:

(63)王喜想探听的第一个要点,已经摸了底。

(64)渐渐地摸着了规律,她露出了一种敢作敢当的劲头……

(65)他们把已经摸过的线索重新捡起来,再筛一遍……

(66)三峡工程经过几十年反反复复地论证,已相当全面、细致、深入,“方方面面,都已摸过多遍”,不会再有什么疏忽。

(5)句法功能

“探索/试着了解”义的“摸”可以重叠使用,重叠使用有尝试的意味包含在内。如:

(67)他在清风街摸了摸底,支持建农特产贸易市场的人并没有预想的那么多。

(68)先摸摸情况。

(69)摸摸其它(他)地区,辽宁、山东、上海也都出现了与我们相同的情况。

4.“暗中进行”义

“暗中进行”义是后来引申出来的隐喻义,黑暗环境中光线不足,视觉器官作用受限,需要伸出手来试探着行进,以弥补眼睛功能的不足,因此,在黑暗中行事的状态就是摸。其中蕴含了“摸就是寻找”的隐喻。这时的“摸”并不像“触摸/轻抚”义和“探取/寻找”义那样有实实在在的触摸对象,也不存在“摸”到实体的触摸动作,动作义有所减弱。“暗中进行”义的“摸”不能重叠使用,因此下文仅从共现成分来分析其句法表现。

(1)共现成分——主语

“摸”作“暗中进行”义理解时,感知主体均需明确表达出来,通常做主

---

① 例(61)和例(62)原本出自CCL汉语语料库,因语料库更新,截至出版时已经无法查询到原句。

语。从以下例子可知,暗中进行义的"摸"感知主体通常是人,可以是人称代词,如例⑦和例⑫,也可以是指人的名词,如例⑪。例⑬的感知主体是"人",但是属于不定指,没有明确说明是哪个人。例⑭中并没有明确表达出感知主体,但是从上下文语境可以判断,感知主体为讲话者本人,即"我"。

⑦巷子深黑,我看不见我的前方。我只有摸黑行走,寻找这一排的倒数第二个院子,街尾27号。

⑪当天夜里,这个门客就摸黑进王宫,找到了内库,把狐皮袍偷了出来。

⑫他不起早摸黑,生活很有规律。

⑬小包是隔夜整理好的,摸黑下了床,推门出去大抵仍是满天星斗。

⑭在保护区建立当年,这里的桫椤就被砍伐了1000多棵,直到现在仍然有人摸黑盗伐。

(2)共现成分——宾语

可以带名词性宾语,如"摸路""摸营"等。如:

⑮……其中有20次是在极其困难的时刻,由他率先攻坚破难,为战友摸路开道,最后圆满完成任务的。

⑯只有丁尚武要带着民兵去摸营。

(3)共现成分——补语

数量补语"摸了半夜",如:

⑰昨天晚上,战士们在森林中的泥沼里摸了半夜,还没摸出二十里路。

除了数量补语之外,"摸"还可以带趋向补语,如:

⑱他任那咖啡搁着,关上红灯,在黑暗中摸出房间,走进卧室,上了床。

⑲一直走了六七公里,半夜又沿着羊肠小道摸回来。

⑳河村掏出枪,压低身子,向公园的黑暗处摸过去。

㉑有时寝室熄了灯,还有一些男孩光着脚悄悄摸过来,孩子就和他们床上床下你来我往比试半天。

㉒曾有人在里面转了几天,也没有摸出来。

㉓当夜三更时分,额亦都带着二百个轻装工兵,从后山摸到城下,攀缘入城。

（4）共现成分——时体助词

可以带时体助词"着、了、过"，如：

㉞我摸了半夜才跑到村，到门口连门也没有赶上叫，就叫他两个人把我捉住了。

㉟在那次战役中我摸过敌营。①

㊱直到夜色深沉，他们才疲惫地跨上单车，摸着夜道回家。

㊲山里没电，妇女下午四五点钟淘米煮饭都得摸着黑。

（三）"摸"类词的结果感知义

有触摸动作就一定会有触摸结果，触摸动作往往会对感知对象造成一些结果，表现为"摸到""摸透""摸清"等以谓词性成分做补语的述补结构，其后还可以带宾语。"摸到""摸清""摸透"等述补结构在功能上相当于一个动词，具有动词的某些特征，如有及物和不及物的差别，可以和助词"了""过"连用，但是不能重叠使用。下文将分义项从主语、宾语和时体助词三个共现成分着手来分析其句法表现，前两个义项为物理域的结果感知义，后三个义项为心理域的结果感知义。

1．"触摸/轻抚"义（通过触摸感知到）

"触摸/轻抚"义的"摸"不能直接用作体验型触觉感官动词，常常需要和"到"一起构成动补结构"摸到"，才能表示触觉感知的结果，词义为"（通过触觉）感知到"，其后可以跟结果补语；"摸到"的结果义强，不强调动作本身，因此"摸到"表示结果感知义的时候，作为感知主体的施事和作为感知对象的受事均需要表达出来。

（1）共现成分——主语

从例㊳到例㊴可知，"摸到"的感知主体通常为人，可以是指人的名词，还可以是人称代词。

㊳阿尔奇的手还没摸到门把手，她就一下子把门打开了。

㊴他伸手摸到那把大铁锁，猛吸一口气，用劲一拧，那锁便开了。

---

① 例㉟原本出自 CCL 汉语语料库，因语料库更新，截至出版时已经无法查询到原句。

（2）共现成分——宾语

"摸到"等可以带一般的宾语，如例⑨，还可以带处所宾语，如⑨。有时候也可以不带宾语，如例⑨。

⑨当你用手摸鸡或哺乳动物的身体时，会感到热乎乎的；可是摸到鱼类、青蛙等两栖类、爬行类动物的身体时，却感到冷冰冰的。

⑨只见病人慢慢抬起双臂，用力向头部抬起，双手摸到头顶。

⑨真钞凹印图纹有明显手感，如行名、盲文点等处，都可以摸到。

⑨常常有这样的情况：党和政府听不到的，报纸能听到，它能摸到社会的脉搏。

例⑨中的"脉搏"是"摸到"的宾语，它是可以通过触摸感受到的，但此处是比喻用法，并不存在实际的触摸动作。中国传统医学讲究"望闻问切"，"切"就是用手指按在脉搏上，根据脉搏跳动的速率、强度、形态等来诊断就诊人的病情。正如脉象的情况反映病情一样，报纸的内容能够反映人们社会生活各个方面存在的问题。该句"摸到"的感知主体并不是"报纸"，而是"报纸"的转喻用法，指的是那些新闻从业者，感知对象"脉搏"实际上并不是人的脉搏，而是社会生活的方方面面，这里的"摸到"可以理解为"感知到，感受到"。

（3）共现成分——时体助词

"摸到"可以和时体助词"了""过"连用，如：

⑨以前她摸到过妈妈的胖乎乎的肚子，所以以为凡肚子必是妈妈的。[①]

⑨他们挖出了尸体，在右肺部确实摸到了钙化的硬块。

2."探取/寻找"义（通过探取感知到）

（1）共现成分——主语

"探取/寻找"义的"摸到""摸出""摸着（zháo）"表示结果感知义时感知主体为人，可以是指人的名词，如例⑨和例⑨，也可以是人称代词，如例⑨。有的时候并没有直接表明感知主体，而是隐含在上下文语境中，如例⑨感知主体就是"这只手"的主人。

---

①　例⑨原本出自 CCL 汉语语料库，因语料库更新，截至出版时已经无法查询到原句。

⑯张伯驹盯着那个筐,觉得有名堂,一只手探了进去,一下子便摸到了那轴字画。

⑰装进一只布口袋里,每人从里面摸出一颗,摸到青豆的人便理所当然是踩盘子的人。

⑱小白在屋里转起了圈子,手往兜里一插摸到了几个炮仗,心里立刻有了主意。

⑲常常是还没摸着鱼,手先伸进了张开的蚌壳,蚌壳一合拢夹住手,人就出不来了。

(2)共现成分——宾语

"探取/寻找"义的"(zháo)""摸到"可以带一般的宾语,如例⑩和例⑩,有的时候宾语也可以不出现,如例⑩。

⑩一只手就往兜里摸,摸了两个兜都没摸到,才想起换便衣时忘了带警官证。

⑩……甚至这件事还可能在村子里广为流传谁谁的女儿在北京摸着个大奖……

⑩……有些反应较慢的农民莫名其妙,以为碰上了抢劫犯,当摸到上衣口袋里一叠厚厚的"大团结"时,才如梦初醒,脸上绽开了神秘的笑容。

(3)共现成分——时体助词

"摸到""摸着(zháo)"可以和时体助词"了""过"连用。如:

⑩近日却常见其抱儿逛街,逢人便举小儿的右手炫耀:"我儿此手,摸奖摸到过彩电哩。"

⑩她手指在袋子里摸到了一个东西就把它拿出来给那侏儒。

⑩这只手的动作很轻快,很灵巧,手一伸出,就摸着了树干上的纸卷。

⑩他摸着过一个一等奖。①

3."探索/试着了解"义(通过探索得到认识)

面对陌生的客观事物,人们通过"摸"来获得初步的感性认识,因为有不确定性,所以汉语中用"摸不清""摸不准"等来表达对事物的认识不够深刻;

---

① 例⑩原本出自 CCL 汉语语料库,因语料库更新,截至出版时已经无法查询到原句。

经过反复观察和摸索之后人们会得到深层的认识，从感性认识走向理性认识，汉语中常用"摸清""摸透""摸准""摸到"等述补结构来表达对事物已经有了深刻认识，认识到了事物的本质和规律等，这种了解是反复努力的结果，带有试探性。

(1)共现成分——主语

"摸到""摸清""摸透"的主语均为人，可以是指人的名词，如例⑩⑦和例⑩⑧，也可以是人称代词，如例⑩⑨。有的时候感知主体并没有明确表示出来，但是隐含在上下文语境中，如例⑪⑩和例⑪⑪。

⑩⑦作为领导来说，要摸清情况，采取措施，包括教育干部。

⑩⑧干部们进山后，走遍了全区的山山水水，把真实情况摸透，结论是：山亭困难大，潜力也大，希望更大。

⑩⑨我连跑几天，摸到了第一手材料，再一分析，情况就清楚了。

⑪⑩其中可能有某种规律，但很难摸透。

⑪⑪万事开头难，其难在于对那件事的内在规律还不了解，当在实践中摸到了规律，就获得了自由。

(2)共现成分——宾语

"摸清""摸透""摸准""摸到"等可以后跟宾语，其宾语可以是表示客观事物的情况和规律的抽象名词，如例⑪⑫到例⑪⑨中的"门道""门路""规律""底牌""实情""底(细)""门径"等。

⑪⑫他只有初中文化，十余年前担任了植保员后，就从读书协会中借书，靠书中的指点去实践，才摸到了点门道。

⑪⑬中国代表团中，台球、跆拳道等项目的领队、教练不乏门外汉，原本干的不是这一行，对项目的训练、比赛规律从头学起，虽然已经摸到门路，难度可想而知。

⑪⑭在激烈的竞争下，我们根本没有时间先去摸清整个宇宙的规律，再作选择。

⑪⑮这样，就更有回旋的余地，使自己有推后思考的时间和摸清对方底牌的时间。

⑪⑯支农者必须了解农业，吃透农业和农村工作的政策精神，熟悉农业科

学技术,摸透农情、民情。

⑪这一下,摸到了美国人的底,这当然比击沉多少军舰、击落多少飞机都更加重要。

⑪可以说,"暗访"使他们摸到了实情。

⑪只是在同一座山林,有人摸着了门径,有人却误入了歧途。

如例⑫到例⑫所示,"摸透""摸到""摸熟"还可以带一些心理范畴的抽象名词做宾语,表示对人的脾气、心理、性格、想法等的了解和认识。把这种身体域的活动运用到心理范畴,揣测、试探他人的心理、脾气、性格等,通过了解认识和把握他人的心理,这时候他人的心理、脾气、性格等就成了认识的对象,"摸即试探",形成了从身体域到心理域的隐喻映射。

⑫老百姓最讲实惠,也很通情达理,关键是我们要摸透他们的心思,知道他们心里在想什么,然后对症下药。

⑫皇子晋王杨广比他两个兄弟狡狷,他摸到他父亲脾气,表面上装得特别朴素老实,骗得了隋文帝和独孤皇后的信任。

⑫做子女的得在日常接触中去摸熟父母的性格,然后去承他们的欢,做到自己的心安。

⑫不难看出,摊主们还真的摸到了文化人的心理。

⑫与气味打了十几年交道,年过半百的李德敏,已经摸到了气味的一些脾气,就想把它写下来。

例⑫中"气味的一些脾气"是一种拟人的用法,"脾气"原本是指人的习性,这里用来借指事物的特性,事物的脾气即为事物的特征,"摸到了气味的一些脾气"意为"了解了气味的一些特征",这是从触觉域到嗅觉域的一种通感隐喻。

(3)共现成分——时体助词

从以上例句可知,"摸到""摸清""摸透"等述补结构可以和时体助词"了"连用,不能和"着""过"连用。

4."暗中行进"义(通过暗中进行感知到)

下文将从"摸"类词的共现成分入手来分析表示暗中"摸到""摸着"的结果感知义。

2.共现成分——宾语

从以上例句中可见,"摸起来""摸上去"后面带的宾语都不是体词性成分,而是谓词性成分。"摸"的对象"花盆"和"暖器"以受事主语的形式出现,而其他例子中"摸上去""摸起来"的主语都承前省略了,但是依然可以从中看出受事和谓语之间的句法关系,语义的表达丝毫未受影响。口语中有时候还可以用"摸着(zhe)"来表达描述型感知义,如"缎子背面摸着挺滑溜。"

从语义上来看,"摸起来""摸上去"后可以跟上"光滑""冰凉""不冷不热"等来描述通过触觉所获得的直观感受,这种直观感受基本与事实接近,但是可能因人而异产生程度上的差别;如例⑭所示,"像光滑的树皮一样"中出现了喻词"像",类似的还有"好像""如""仿佛"等,这类比喻词用来表达相似的感受义;例⑭中"摸起来都让你感到兴奋"甚至表达了这种触感会引起感知主体情感上或精神上的反应。

值得注意的是,用于描述型感知义的"摸起来""摸上去"类似其他感官动词"看起来""看上去""听起来""听上去""闻起来","起来"和"上去"意义虚化,并不表示趋向意义,但是"摸"的动作意义还是切实存在的。

(五)"摸"类词的非感知义

"摸"类词的非感知义项有两个,都属于心理范畴的活动,其产生是"摸"的动作意义虚化的结果。

1."猜测/推测"义

"猜测/推测"义主要由双音节动词"估摸"和"捉摸"来体现,表示猜测和推测,是人的一种心理范畴活动,表示感知主体对感知对象不太好把握。其中的"摸"意义虚化,并不表示实际的触摸动作,但是这两个词依然是动词,具有动词的特征,共现成分的主要由主语、宾语、补语和时体助词,只是不像表示触摸动作的"摸"那样可以重叠使用。

(1)共现成分——主语

"估摸""捉摸"表示人的心理范畴活动,那么其主语必然具有[+人]的语义特征,可以是人称代词,如例⑭,也可以是指人的名词,如例⑭和例⑭,

"西方人"是泛指的名词,并不特定指向某个人,"老板"则是特指。有时候,"估摸""捉摸"的主语也可以不出现,如例⑭。

⑭我一边踱着步子看了几盘棋,一边估摸着对局者与自己的实力对比。

⑭西方人学习汉语,常常感到汉语的语法规则太活,不好捉摸。

⑭看来,老板善于捉摸顾客心理,独出奇招……可称得上是经营的高手。

⑭语音一发即逝,捉摸不住,不好进行比较分析。

(2)共现成分——宾语

"估摸""捉摸"可以带小句宾语,如例⑮,也可以不带宾语,如例⑭和例⑭。

⑭线条粗,纹路浅,要仔细辨认才能看得清楚,要反复捉摸,才能看得明白。

⑭赵世和越发觉得眼前的少女捉摸不透。

⑮张连生估摸仍然完不成任务,毅然决定"增兵",从而使整个南厢按时通了车。

(3)共现成分——补语

"捉摸"和"估摸"可以带结果补语,如:

⑮谁能捉摸到这个老年人心里的祷词呢?

⑮看惯了张家丰歉李家富贫,我能估摸到百姓的心。

还可以带数量补语,如:

⑮她不时停下来,捉摸一会儿河谷的画面和色彩。

⑭华君武也作这样的漫画,我常捉摸半天,一旦意会,非常有趣。

⑮有一辆公共汽车正向汽车站驶近,我估摸了一下,它马上就要进站。

也可以带可能补语,如:

⑮她捉摸不透,一夜焦急,一夜心慌。

⑮谁也估摸不透,一个个心里都感到空落落的。

除了结果补语、数量补语和可能补语之外,"估摸"和"捉摸"还能带趋向补语,如:

⑮从文中大量的数字中,你能估摸出自个儿的日子过得怎么样。

⑮二十一世纪的第一个世界杯也在人们迷茫的眼神中越发不可捉摸起来。

（4）共现成分——时体助词

"估摸""捉摸"可以和时体助词"了、着"连用，如：

⑯杨文宪蹲在地头，不时抓起被雨水浸倒的一株株庄稼估摸着收成……

⑯我估摸了一下，一筐大致二公斤左右，才卖这么点价钱，真是太贱了。

⑯这种亲切感是怎样产生的呢？我仔细捉摸了一下。

⑯他们如坐针毡，捉摸着对付努尔哈赤这股新兴势力的办法。

2."大概/大约"义

"大概/大约"义主要体现在双音节"约摸"的用法中。该词中"摸"的动作意义完全虚化，该词也不再是动词，而是用作副词，只能充当状语，用作对年龄、距离、时间、数量、重量等的估量，去掉之后不影响句子语义，仅是句子语气上的差别。如：

⑯这位朝鲜妇女约摸40岁，穿着典型的朝鲜高腰裙子……

⑯没想到东吴船队离开北岸约摸二里，前面十条大船突然同时起火。

⑯约摸过了10分钟，我身边又坐下一穿黑衣的小伙子。

⑯不到一个月，流民越聚越多，约摸有两万人。

二、"摸"类词的义项小结

前文从共时的层面分析了触觉感官动词"摸"的动作感知义、结果感知义、描述型感知义和非感知义的各个义项的语义和句法表现，不仅考察了"摸"各个义项的共现成分（主语、宾语、补语和时体助词），还考察了是否具有重叠使用的句法特征，总结如表4-3和表4-4①。

---

① 因"摸"的结果感知义和描述型感知义均是由"摸"类词与时体助词共现产生的，所以表4-3和4-4中所列出的义项仅包含动作感知义和非感知义，与表4-2中显示的《词表》中"摸"的义项保持一致，不需要直接列出描述型感知义和结果感知义。除了"约摸"义之外，"摸"的各个义项的共现成分都有主语，因此表4-3和4-4就没有总列出各个义项与主语的共现情况。

表4-3 "摸"的各个义项与时体助词的共现情况汇总

义项		与时体助词的共现			
		了	着	过	VV（动词重叠形式）
本义	触摸/轻抚	+	+	+	+
引申义	探取/寻找	+	+	+	+
	探索/试着了解	+	+	+	+
	暗中进行	+	+	+	
	揣测/推测	+	+		
	大概/大约				

表4-4 "摸"的各个义项带宾语和补语的情况汇总

义项		宾语				补语			
		体词性	谓词性	小句	无宾语	结果	数量	可能	趋向
动作感知义	触摸/轻抚	+	+	+	+	+	+	+	+
	探取/寻找	+	+	+	+	+	+	+	+
	探索/试着了解	+	+	+	+	+	+	+	+
	暗中进行	+				+	+		+
非感知义	揣测/推测			+		+	+	+	+
	大概/大约								

　　从上文对"摸"的动作感知义、结果感知义、描述型感知义和非感知义的义项和句法表现的分析中可见，"摸"的各个义项之间彼此互相关联。在语义发展过程中，先出现的义项与后出现的义项一起形成一个复杂的语义网络。

　　不同于词义引申理论和现代语言学的词义扩大、缩小、转移理论，认知语言学认为词义演变的条件和原因可以用隐喻理论和转喻理论来解释。上文提到,衍生词义和原型词义之间的理据关系是通过转喻和隐喻两种认知模式来实现的,因此可以说,"摸"的心理感知义和非感知义通过隐喻或转喻认知从动作感知义和结果感知义衍生而来。从前面对"摸"的语义分析中可见,隐喻机制在其语义引申中起着重要作用,语义引申规律是从具体到抽象,其中蕴含着"摸就是偷""摸就是了解/认识""摸到即得到,摸不到即得不到""摸就是寻找"的隐喻。

三、"摸"类词语义的历时演变

"摸"是个后起字,《说文解字》中没有对"摸"相应解释,只有对"摹"的解释:"规也。从手,莫声。莫胡切。"CCL汉语语料库中的古代汉语语料库显示最早的关于"摸"的语料出现在汉代,汉代与"摸"有关的语料在该语料库里仅有4条。如:

⑱因起自往手擦摸之,壁自如故,还床,复见之,心大悸动。(《风俗通义》)

⑲时令汝南应融义高闻之惊愕,即严便出,径诣床蓐,手自擦摸,对之垂涕,曰:"伯休不世英才,当为国家干辅……"(《风俗通义》)

由例⑱和例⑲可见,在上古汉语时期,"摸"的义项只有一项,即"触摸"义。

⑰其后目盲,以手摸书而知其字。(《北史》)

⑰所谓刻舟以摸遗剑,参天而射五步,掼犀兕之甲,以涉不测之渊。(《抱朴子》)

⑰不作偷驴摸犊贼。(《北史》)

⑰以魏武帝有发丘中郎将、摸金校尉,乃置此二官。(《宋书》)

⑰赵正只闻得房里一阵臭气,寻来寻去,床底下一个大缸,探手打一摸,一颗人头;又打一摸,一只人手共人脚。(《喻世明言》)

⑰摸到门里,只见一人醉倒在床,脚后却有一堆铜钱,便去摸他几贯。(《醒世恒言》)

到了中古汉语时期,"摸"的义项增多,又出现了"探取/寻找"义,如例⑰和例⑭,"黑暗中行动"义,如例⑰和例⑬;消极性质的"偷"义,如例⑫和例⑮。

近代汉语时期,"摸"的义项又有所增加,出现了"试着了解"义,如例⑲和例⑱;"猜测/推测"义,如例⑳;"得到机会"义,如例㉑和例㉒。句法表现也更为丰富,开始出现重叠使用的情况,如例⑯、例⑰和例⑱所示。

⑯摸了几摸,哈哈地笑了一声,睡下去了。(《初刻拍案惊奇》)

⑰手摸一摸壳,口里暗道:"侥幸!侥幸!"(《初刻拍案惊奇》)

⑱摸摸里床箱子,果是不见。(《二刻拍案惊奇》)

⑲这时见知县不问赫大卿的事情,去问什么和尚之事,一发摸不着个头路。(《醒世恒言》)

⑳摸量着读得书的,便教他习举业;读不得的,或是务农,或是习甚么手艺,再没有一个游手好闲的人,也再没有人是一字不识的。(《醒世姻缘传》)

㉑你问他:自他祖宗三代以来曾摸着个秀才影儿不曾?(《醒世姻缘传》)

㉒众人道:"怨不得我们听见外头男人抱怨说:'这么件大事,咱们一点摸不着,净当苦差!'"(《红楼梦》)

㉓两人虽都有心,然而谁摸不着谁的心思,总觉得不便造次。(《官场现形记》)

由以上分析可见,到近代汉语时期,"摸"所有的义项与现代汉语中"摸"的义项已经基本相同。随着语义发展,到了现代汉语时期,"摸"多了个义项"大概/大约",常由双音节词"约摸"来表达该含义,不再是动词,而是用作副词。

笔者根据以上从上古汉语到现代汉语时期"摸"的语义演变情况,画出了"摸"的语义网络图,如图4-1所示。因为"摸"的结果感知义是由"摸+结果补语(到/着)+受事"构成,在语义上和其动作感知义存在一一对应关系,所以在语义网络图中就没有包括结果感知义在内。图4-1中可见,汉语触觉动词"摸"的多个义项共同构成了一个散射型的语义网络,可以说是链条型和辐射型语义网络的组合形式,所有的衍生意义均是从原型意义通过转喻或隐喻的认知方式衍生而来的。散射型语义网络中每个衍生意义到原型义项的距离并不是完全等同的,离原型义项较近的原型性较高,离原型义项较远的原型性较低,如"猜测/推测"义项离原型意义较远,其原型性就不如"探取/寻找"义项的原型性高。

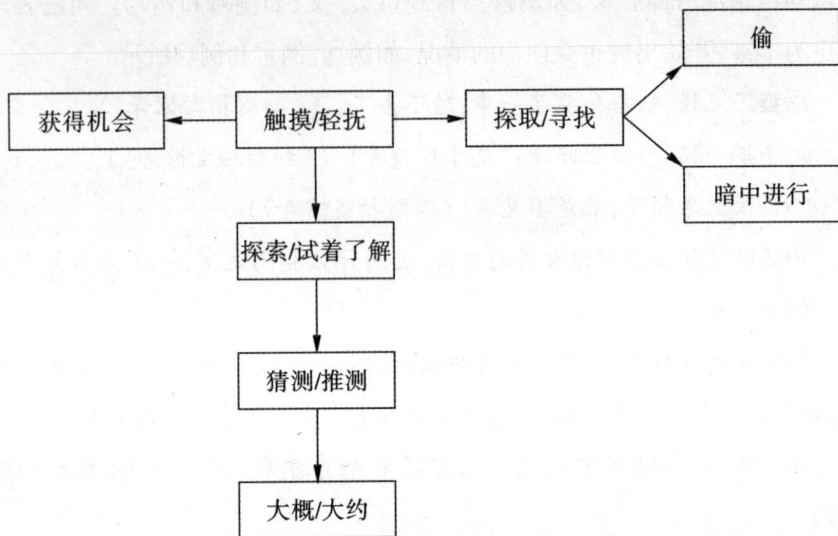

```
                                              ┌──────────┐
                                              │   偷     │
                                              └──────────┘
                                                   ↑
┌──────────┐      ┌──────────┐      ┌──────────┐ ╱
│ 获得机会  │◄─── │ 触摸/轻抚 │────►│ 探取/寻找 │
└──────────┘      └──────────┘      └──────────┘ ╲
                       │                           ↓
                       ▼                      ┌──────────┐
                  ┌──────────┐                │ 暗中进行  │
                  │探索/试着了解│              └──────────┘
                  └──────────┘
                       │
                       ▼
                  ┌──────────┐
                  │ 猜测/推测 │
                  └──────────┘
                       │
                       ▼
                  ┌──────────┐
                  │ 大概/大约 │
                  └──────────┘
```

图 4-1   "摸"类词的语义网络

从"摸"的历时语义演变的轨迹来看,可以清楚地看到从最初的表示实际动作的"摸"到心理域的"摸",再到副词义"大概/大约",经历了一个语法化的过程。下文将从历时的角度来考察"摸"的语法化情况。

四、"摸"类词的语法化

前面对"摸"的历时语义演变情况进行了大致的梳理,"摸"的各个义项基本包含在内,到现代汉语时期,"摸"发展出了新的义项"大概/大约",其中已经完全没有动词义了,仅仅用作副词,从"摸"的本义到"大概/大约"义是一个由实到虚的语法化过程,下面笔者将对这个语法化过程予以考察。

"摸"从动词义到副词义的语法化的主要原因是语义的变化。

例⑱到例⑱中加粗显示的"摸"都是动词,但均不是其本义的用法,而是隐喻用法,从物理域映射到心理域,表示"探求/试着了解"。细分析的话,这里"摸"均没有实质性的触摸动作,其受事也不是能够触摸到的客观事物,而是心理域的抽象名词,如"路子""边际""脾气""民族"等,不仅可以表示心理域的动作感知义,还可以表示结果感知义。该义中的"摸"虽然保留有其原型意义的一些语义和语法规则,含有"尝试着去了解"的意味,但是不存在实际的触摸动作,其动作义弱化。

⑱因为李广行动快,箭法精,忽来忽去,叫人摸不准他的路子。

⑱石头禅师机锋峻拔,往往使人摸不着边际,而马大师的禅风则比较平缓。

⑱农民种庄稼,必须摸熟庄稼的"脾气",知道什么时候下种,什么时候中耕……

⑱当然经过三两年工作之后,对各个民族有可能摸清楚。

例⑱、例⑱和例⑲中由"摸"和别的词素一起构成的双音节词"捉摸"和"估摸",语义变为"猜测/推测"。"摸"的语义也就由表示试着了解虚化为表推测,构成由行为域(试着了解为心理行为)到知识域(推测与知识有关)的隐喻,由具体隐喻抽象。

⑱小陈只好到家先把自己的车扛上去,估摸时间差不多了,再下来接车。

⑱我无法数清它们有多少,只是大概估摸了一下,不会少于四五十头。

⑲在股票市场里,有很多消息,传言虚虚实实,简直是令人难以捉摸。

例⑲和例⑲中的"约摸"为副词。从"猜测/推测"义的动词到"大概/大约"义的副词,语义继续弱化,动作意义完全消失,从一个具有实际意义的动词虚化为一个只能充当状语的虚词。

⑲不到一个月,流民越聚越多,约摸有两万人。

⑲宋太祖和赵普决定了先南后北的计划以后,约摸花了十年时间,先后出兵消灭了南平(荆南)、后蜀、南汉。

从"摸"类词的语法化过程的分析中可知,"探求/试着了解"义的"摸"从语义和用法上来讲,处于"摸"类词语义语法化的过渡阶段,有施事和受事作为共现成分,可以表示原型意义的动作义和结果义,但是它表示的是心理域的行为,缺乏了实际性的身体触摸行为,也就没有实际可见的动作存在,所以其动作义弱化,这就为"摸"的语法化奠定了基础。

"摸"类词的语法化认知动因就是常见的隐喻机制。从具体的身体域的行为动作映射到心理域的行为动作,再从心理域行为映射到知识域的动作,动词语义逐步弱化,到最后消失成为一个只能充当状语的虚词,都是隐喻机制在起作用,由具体隐喻抽象。

第三节　英语触觉动词的认知语义分析及用法

由于英语的句法结构要求一个完整的句子必须具有主语和谓语这两个成分,如果是及物动词则必须带宾语,不及物动词在介词的帮助下也可以带宾语。英语句子的补语只有两种:主语补语和宾语补语。因此下面在详细阐述 feel 的动作感知义、结果感知义、描述型感知义和非感知义的时候,就不再专门描述其句法表现和共现成分,其共现成分会在对例句进行分析的时候提及。

一、feel 的认知语义

feel 兼属主动型触觉感官动词、体验型触觉感官动词和描述型触觉感官动词三类,其语义可以细分为动作感知义、结果感知义、描述型感知义和非感知义四类。OED 列出的 feel 的释义总的来说分为四大类:一是"触摸"义(to examine or explore by touch)。二是"察觉,感觉"义(to perceive, be conscious)。三是"手感"义[to be felt as having a specified quality; to produce a certain impression on the senses (esp. that of touch) or the sensibilities]。四是"认为"义[to apprehend or recognize the truth of (something) on grounds not distinctly perceived; to have an emotional conviction of (a fact)]。很明显,第一类义项为动作感知义,第二类义项为结果感知义,第三类义项为描述型感知义,第四类义项为非感知义。

(一)feel 的动作感知义

OED 中 feel 词条后所列的第一类为"to examine or explore by touch 通过触摸来检查或探查",共有 4 个子义项("触摸"义,"用手探取/摸索寻找"

义,"试着了解"义,"摸查"义),从词义来看,表示该义的 feel 为主动型触觉感官动词,表示触觉动作。其中义项 1 和义项 2 均为物理域的动作感知义,而义项 3 和义项 4 则为心理域的动作感知义,通过隐喻机制从物理域映射到心理域而衍生出的意义。

1."触摸"义

该义项在 OED 中排在 feel 词条的第一位:"to handle (an object) in order to experience a tactual sensation;to examine by touching with the hand or finger 触摸(物体)以体验触感;用手或手指检查"。该释义为 feel 作为触觉动词的基本义,和触觉密切相关,可视为其原型意义;其他的释义则视为引申义。

①I **felt** his pulse.

我给他把了脉。

②The maids…were not shy of being seen,nor of having their hair **felt**.

这些女佣并不会羞于别人看见,也不会羞于头发被人摸到。

③Try to tell what this is just by **feeling** it.

凭手摸摸说出这是什么东西。

④**Feel** how rough this is.

摸摸这有多粗糙。

如例①和例②所示,feel 的感知主体分别为 I(我)、the maids(女佣),均具备[+人]的语义特征,可以是指人的名词,还可以是人称代词。例③和例④虽然没有明确把感知主体表示出来,但是从句子上下文语境可以推测出 feel 的感知主体应为听话人。从以上例子可得知,feel 表示该含义的时候为及物动词,可以直接跟宾语。其宾语可以是一个名词短语,如例①,也可以是个代词,如例③,还可以是一个名词性的宾语从句,如例④。

2."用手探取/摸索寻找"义

义项"to search for something with the hand (or other tactile organ);to put out the hands,etc. to discover one's position or find one's way;to grope 用手探取;(伸出手等)摸索/寻找"由原型意义引申而来。"用手探取"从原本对表面的触摸引申到在某个容器中触摸物体并探取所要取得的物体,是在触摸空间从二维扩大为三维的基础上引申出来的意义。

⑤He **felt** in his pockets for some money.

他在口袋里摸着想找一些钱。

⑥I searched all my pockets…opened all our parcels…and looked and **felt** in every fold of them.

我翻遍了我所有的口袋……打开了我们所有的包裹……把它们的边边角角都摸了摸看了看。

⑦The king began to **feel** about for further augmentations of his revenue.

国王开始摸索扩大收入的方法。

⑧I had to **feel** about in the dark for the light switch.

我得在黑暗中摸索寻找电灯开关。

在上例⑤和例⑥中,feel 可以跟一个介词短语来表示要探取或摸索的容器,如 in his pockets,in every fold of them,当然也可以不表示出来;至于感知受事对象,feel 作此义时是不及物动词,不能直接跟宾语,需要借助 for 或 about 来表示,如例⑤、例⑦和例⑧所示,当然感知受事对象也可以不表达出来,如例⑥。

"摸索寻找"义的产生是由于视觉器官功能受限而需伸出双手来摸索以确定自己的处境或方位等。例⑦和例⑧中的"摸索"义是隐喻义,包含了容器隐喻在内。例⑦把解决问题的方法作为一个集合视作容器,从而在其中探索以确定自己的处境或找到正确的道路。例⑧把所处的黑暗环境视为容器,试图在其中找到电灯的开关,因此才有"摸索"义。该义项和汉语中"摸"的"暗中行进"义有相似之处,都蕴含了"摸就是寻找"的隐喻。

3. "试着了解"义

该义项为隐喻用法,"to test or discover by cautious trial 通过小心尝试来测试",试探一个人的情感态度或意图。触摸客观事物可以获得触感,映射到人的心理域,触摸人的"心理""态度"等,即"试着了解他人的心理、态度等",其中包含了"摸就是了解"的隐喻。

⑨He hath writ this to **feele** my affection to your honor.[①]

---

① 该句出自 OED,词汇拼写形式与现代英语有所不同。

他写这些是为了试探我对你获得荣誉有什么心理反应。

"试着了解"义的 feel 的主语通常要具有[+人]的语义特征,可以直接带宾语。其宾语通常是表示人的心理、态度、情感等心理范畴的名词。

4."摸查敌情"义

该义项为军事用语"to examine by cautious trial the nature of（the ground）,the strength of（an enemy）通过谨慎的试探来检查（地面）的性质,（敌人）的力量",常和介词 for 连用,表示试图摸清敌人的存在与否或具体位置。这一义项是从第二个义项引申出来的,和"摸索"义有相似之处,都是表示对未知事物或情况的探索。

⑩An advanced guard … must proceed with … precaution if **feeling** for an enemy.

先锋部队……继续前行……如遇到敌人需警惕。

既为军事用语,feel 的主语通常是 guard、army 等表示部队、军队等的集合名词或个体名词,宾语之前常常要用一个介词 for。

（二）feel 的结果感知义

OED 中 feel 的第二类词义为"to perceive,be conscious 察觉,感觉",有 5 个子义项,其中,义项"注意到/感觉到"为物理域的结果感知义,义项"深深体验到"和"觉得/体会到"为心理域的结果感知义,通过隐喻机制从物理域映射到心理域。

feel 作为体验型触觉感官动词,表示感知主体通过触觉感知到受事,既可以是物理域的感知行为,也可以是心理域的感知行为。从语义上来讲,受事可以是具体的事物,也可以是抽象事物;从语法表现来看,施事作为感知主体是必备的论元。

1."注意到/感觉到（具体事物）"义

义项"to have the sensation of contact with;to perceive by the sense of touch（通过触觉）注意到,感觉",感知主体通常是人,作为受事的感知对象通常为具体事物。从句法结构上来看,feel 可以直接跟宾语,宾语可以跟宾语补足语对宾语进行补充说明。该义项通常不用于进行时。

⑪He **felt** a hand touching his shoulder.

他感到有只手在他肩上。

⑫I could **feel** the warm sun on my back.

我背上感受到了阳光的温暖。

⑬I **felt** something crawl up my arm.

我觉得有个东西顺着手臂往上爬。

⑭We **felt** the ground give way under our feet.

我们感觉到脚下的土地下陷了。

2."深深体验到(有受事)"义

义项"to be conscious of (a subjective fact);to be the subject of,experience (a sensation,emotion),entertain (a conviction)意识到(主观事实);成为体验(感觉、情感)、娱乐(信念的主体)",感知主体通常是人或人类,感知对象一般是表示情感、力量、气氛、天气等抽象名词。从句法结构上来看,feel 可以跟宾语,但通常不需要宾补。feel 用于此义时,可以用于进行时,如例⑱。

⑮I have not at all **felt** the emotion I shewed.

我一点儿也没意识到自己显露出来的情绪。

⑯Mankind have **felt** their strength.

人类意识到了自己的力量。

⑰Can you **feel** the tension in this room?

你能感觉到这房间里的紧张气氛吗?

⑱Cathy was really **feeling** the heat.

卡西真的遇热就受不了。

⑲He **feels** the cold a lot.

他很怕冷。

⑳She **felt** her mother's death very deeply.

她深感丧母之痛。

3."觉得/体会到(无受事)"义

义项"to be emotionally affected by (an event or state of things)(受事件或事物状态)的感情影响",感知主体依然是人,用来描写感知主体身体或心理

上的主观感受,feel 做该义解时不需要受事。如以下例句所示,句子中通常
会出现感知主体,感知对象则不需要出现,feel 用作联系动词,后跟形容词或
名词做主语的补语,也可以跟 as if 引导的从句做主语补语。从这点上来讲,
和"试着了解"义的 feel 相比较,其动作义更加弱化。该义的 feel 在用法上必
须跟主语的补语,用于描写施事的状态,虽是动词,却已不是及物的动态动
词,而是变为表示心理或情感状态的静态动词。feel 用于此义时,可以用于
进行时,如例㉓所示。

㉑She **felt** betrayed.

她感觉被出卖了。

㉒I **feel** sorry for him.

我为他感到可悲。

㉓How are you **feeling** today?

你今天觉得怎么样?

㉔Luckily I was **feeling** in a good mood.

幸好我当时情绪好。

㉕Standing there on stage I **felt** a complete idiot.

我站在舞台上觉得自己简直是一个大傻瓜。

㉖The heat made him **feel** faint.

炎热使他觉得快要晕倒了。

㉗Her head **felt** as if it would burst.

她觉得头要爆裂了。

(三)feel 的描述型感知义

OED 中 feel 有两个义项是描述型感知义,一个是物理域的描述型感知
义,另一个则是心理域的描述型感知义。感知主体不需出现,以受事为主
语,用以描写对受事的印象。

1."手感"义

该义项为"to be felt as having a specified quality;to produce a certain
impression on the senses(esp. that of touch)or the sensibilities;to seem 摸起

来,手感",用来描述感知主体对受事的触摸手感,常常后跟形容词做主语的补语,如例㉘和例㉚。有的时候,feel 可以带"介词+名词"结构做主语补语,如例㉙,还可以带 as if 引导的从句做主语补语。作为感知主体的人并不需要表达出来,反而受事是必须出现的,而且需要放在句子主语的位置上。

㉘Its skin **feels** really smooth.

它的皮摸起来真光滑。

㉙This wallet **feels** like leather.

这个钱包摸上去像是皮的。

㉚This water **feels** warm.

这水摸着很暖。

2."留下印象"义

义项"to give a particular feeling or impression 给……感觉;有印象;感受到"是 feel 从物理域通过隐喻映射到心理域的结果,通常以代词 it 做形式主语,feel 后跟主语补语。不用于进行时。如例㉛所示,strange 紧跟 felt 之后做补语,to be back in my old school 为形式主语 it 的实质内容。

㉛It **felt** strange to be back in my old school.

我回到母校有一种生疏的感觉。

㉜The interview only took ten minutes,but it **felt** like hours.

面试只用了十分钟,但觉得像几个小时似的。

㉝How does it **feel** to be alone all day?

整天独自一个人的感受如何?

(四)feel 的非感知义

义项"to apprehend or recognize the truth of(something)on grounds not distinctly perceived;to have an emotional conviction of(a fact)认为,相信"和"think"同义,主要是用来表达主语对某件事情的看法,不用于进行时。该义项为 feel 的非感知义,完全没有物理域或是心理域的触觉感知,是语义变化导致的语法化的结果。

句子主语具有[+人]的语义特征,常常是某个人称代词做主语,feel 可以带 it 做形式宾语,然后再跟宾语补足语。如例㉟中,it 为形式宾语, her duty 是宾语补足语,to tell the police 则是 it 的实指内容。宾语补足语 既可以是普通的名词短语,也可以是一个形容词,还可以是一个不定式 短语,如例㊱。feel 也可以直接带 that 引导的宾语从句,that 可以省略, 如例㊲。

㉞I **felt** it advisable to do nothing.

我觉得最好不要做出行动。

㉟She **felt** it her duty to tell the police.

她认为报警是她的义务。

㊱She **felt** it to be her duty to tell the police.

她认为她有责任报警。

㊲I **felt** (that) I had to apologize.

我以为我得道歉。

feel 表示"认为,相信"时通常不用于进行时,我们可以说"I feel this is probably the right decision.",但是不能说"I'm feeling this is probabaly the right decision."。在正式语体中,我们要表达多数人的看法时可以用 it is felt that,如:

㊳It was **felt** that the experiment should be stopped.

许多人认为有必要禁止进行这种实验。

二、feel 的义项分析

前文分析了英语触觉感官动词 feel 的动作感知义、结果感知义、描述型 感知义和非感知义的各个义项的语义和句法表现,不管是动作感知义、结果 感知义,还是描述型感知义中,都存在着物理域和心理域的感知义。从句法 表现来看,feel 通常都不用于进行时和完成时,只有极少数情况可以用进行 时。feel 的各个义项和共现成分总结如表4-5所示。

表4-5　feel 的义项和共现成分情况

义项	形式主语	宾语				补语	
		形式宾语	名词短语	介词①+名词短语	小句	主语补语	宾语补足语
触摸			+		+		
用于探取/摸索寻找				+			
试着了解			+				
摸查敌情				+			
注意到/感觉到			+				+
深深体验到			+				
觉得/体会到						+	
手感						+	
留下印象	+					+	
认为/相信		+					+

　　从上文的分析可知,在 feel 的原型意义"触摸"的基础之上,引申出来不少衍生义项,这些衍生义项通过这样或那样的方式跟原型意义联系在一起。OED 可以说是一部英语的发展史,按照时间顺序列出了每个收录词条的所有义项,连例句都是按照时间顺序排列的,所以从中可以清晰地看到英语中 feel 的词义演化过程,笔者在共时语义分析的基础上,结合历时语义演变过程,画出了 feel 的语义网络图,如图 4-2 所示。从中可见,以"触摸"义为基础,通过不同的方式衍生出来 9 个不同的义项。这些衍生意义和原型意义一起构成了一个散射型的语义网络,其中以辐射型为主,链条型为辅。

三、feel 的语法化

　　从上文对 feel 语义的分析和梳理可见,feel 的认知语义可以分为动作感知义、结果感知义、描述型感知义和非感知义四类,不仅有物理域的感知义,

---

　　①　此处的介词常用 for。

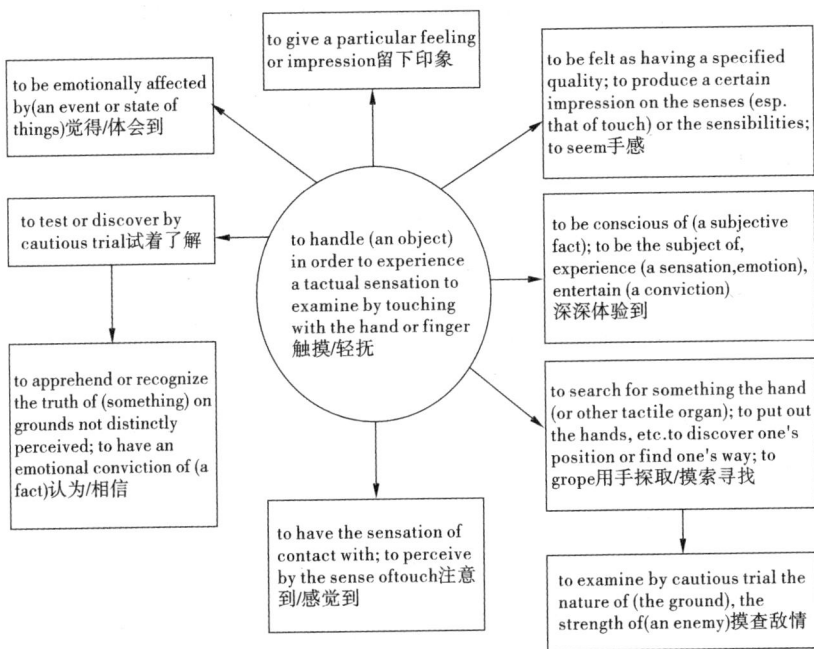

图 4-2　feel 的语义网络

还有心理域的感知义。从物理域感知义到心理域感知义,再到非感知义,feel 的语义演变经历了语法化的过程,从感官动词的感知义演变到非感知义的动词。

　　feel 的原型意义为"触摸"义,通过隐喻从平面物理域映射到三维空间域,引申出"用手探取/摸索寻找"义。从物理域映射到心理域,引申出了"试着了解"。该具备 feel 原型意义的一些语法特征,可以带宾语受事,但宾语并不是客观存在的事物,而是通常用来表示人的心理、态度、情感等心理范畴的名词。因此"试着了解"义的 feel 是个静态动词,表示的是心理域的行为,是心理感知,而不是物理域的感知义,它不具备原型意义所蕴含的实际存在的触摸动作,其动作义有所弱化,可以说是处于半虚半实的阶段,这就为其语法化打下了基础。

　　义项"认为/相信"用来表达主语对某件事情的看法,是 feel 在心理域的用法,而不是物理域。主语通常就是施事,feel 之后通常带宾语和宾补;此时的宾语和原型意义的宾语有很大的区别,原型意义的宾语通常是受事对象,而此义的宾语并不是受事对象,通常是一个小句(宾语从句或是非限定分句),因此该义的 feel 完全不具备动作义。至此,feel 的动作义完全虚化消失,从动态动词变为静态动词,跟触摸动作毫无关系。

feel 的语法化主要原因是语义的变化和句法功能的变化,其中起作用的主要机制是隐喻。

以上,笔者主要从共时角度分析了英语常用触觉动词 feel 的认知语义和用法,以及语义引申过程中所涉及的隐喻模式;从历史角度分析了 feel 的语义演变,绘制了 feel 的语义引申网络图,发现 feel 的语义引申类型为从具体到抽象,呈现散射型辐射网络,衍生意义由原型意义通过隐喻或转喻机制引申而来。feel 在语义引申过程中发了语法化,语法化的原因是语义变化,认知动因是隐喻机制。

第四节　对比分析

林正军(2011:14)认为英语感知动词的跨域词义衍化路径为:感知感官义>心理感知义/非感知义。感官动词跨域词义衍化也有两条并列的路径:感官感知义>心理感知义;感官感知义>非感知义。他认为这种词义衍化路径符合人们"用最小的认知努力获得最大认知效果"的认知关联性准则。

从上文对汉英触觉动词"摸"类词和 feel 的认知语义分析中可见,这两个触觉动词的语义引申都是从具体的物理域感知义引申到抽象的心理域的感知,由于语义变化而从感知义语法化为非感知义,具备相同的词义衍化路径。"摸"类词和 feel 的这一衍化路径和林正军(2011)关于英语感知动词词义衍化路径的研究结论相符,从语义引申规律来看,"摸"类词和 feel 的语义引申具备从具体的概念引申到抽象的概念的规律。

从认知语义的类型来看,"摸"类词和 feel 都可以用来表达动作感知义、结果感知义、描述型感知义和非感知义,前三种类型的感知义不仅存在于物理域中,也存在于心理域中。二者的非感知义均是在语义变化基础上的语法化的结果,认知动因是隐喻机制。"摸"类词和 feel 在认知语义、认知模式上的共性和差异详见以下分析。

一、相似的原型意义

在最初的时候，"摸"类词和 feel 的原型意义是相同的。feel 在产生之初的原型意义为"to handle（an object）in order to experience a tactual sensation；to examine by touching with the hand or finger 触摸（物体）以体验触感；用手或手指检查"，表示手部动作的感知行为，为动作感知义；"摸"类词作为触觉动词，在产生之初的原型意义为"用手接触或轻轻抚摩"，也是表示手部动作的感知行为，为动作感知义。因此，可以说，汉语的"摸"类词和英语的 feel 在产生之初原型意义基本上是相同的，都为手部动作感知义，不仅可以表示短暂的触摸动作，还可以表示延续性的轻抚动作。

随着社会的发展，现代汉语中的"摸"类词的原型意义为"用手接触一下物体或接触后轻轻移动"，也是"触摸/轻抚"义，和它在产生之初的原型意义相同，该意义也是人们日常生产、生活中最为常用的意义，在词典中排在该词条所有义项的首位；而现代英语中的 feel 原型意义则发生了变化，英语国家人民日常生产、生活中最为常用的意义并不是动作感知义，而是其结果感知义"be aware of（sth. happening）through physical sensation（通过身体感觉）意识到"，该义项在《朗文高阶英汉双解词典》和《牛津高阶英汉双解词典》等学习型词典中都排在该词条义项的首位①。如此看来，现代汉语的"摸"的原型意义为其动作感知义，而现代英语的 feel 的原型意义为其结果感知义，不管是动作感知义，还是结果感知义，都属于感官感知义，因此可以说现代汉语的"摸"类词和现代英语的 feel 原型意义是相似的。

英语触觉动词 feel 原型意义的变化再一次证明了词汇的原型意义并不是一成不变的，而是随着社会的发展和人类认知的发展而发生一定的变化。

二、有同有异的衍生意义

从语义引申的结果来看，汉语"摸"类词和英语 feel 的衍生意义既存在相同之处，也存在不同之处。表 4-6 到表 4-12 详细列出了"摸"类词和 feel

---

① 学习型英语词典通常把使用频率高的义项放在词条义项的首位。

在动作感知义、结果感知义、描述型感知义和非感知义四个方面的共性和差异。

表4-6　汉语"摸"类词和英语 feel 的动作感知义的共性

语义类型	汉语"摸"类词	英语 feel
原型意义	触摸/轻抚	to handle（an object）in order to experience a tactual sensation；to examine by touching with the hand or finger 触摸/轻抚
衍生意义	探取/寻找	to search for something with the hand（or other tactile organ）；to put out the hands, etc. to discover one's position or find one's way；to grope 用手探取/摸索寻找
	探索/试着了解	to test or discover by cautious trial 试着了解

表4-7　汉语"摸"类词和英语 feel 的动作感知义的差异

语义类型	汉语"摸"类词	英语 feel
衍生意义	暗中进行	to examine by cautious trial the nature of（the ground）, the strength of（an enemy）摸查敌情

表4-6 和表4-7 分别列出了触觉动词"摸"类词和 feel 动作感知义的共性和差异，从中可见，"摸"类词和 feel 的动作感知义基本相似，均有三个衍生义项。"摸"类词的前两个衍生义项和 feel 是基本相同的，均为动作感知义，均可以应用于物理域和心理域。如"摸奖""feel in his pockets for some money 在口袋里摸着找钱"是"摸"类词和 feel 的动作感知义在物理域的应用，而"摸门儿""feele my affection to your honor 试探我对你获得荣誉有什么心理反应"则是"摸"类词和 feel 的动作感知义在心理域的应用。

二者在最后一个动作感知义项上有所不同。feel 的"摸查敌情"义为军事用语，使用范围要比"摸"类词的"暗中进行"义的使用范围窄；"摸"类词不仅仅用于军事上，还可以用于生活中，用于表示某人悄悄地暗中行动，或是在不被他人发现的情况下做了某件事情，如"摸黑儿""摸路"等。

表 4-8 汉语"摸"类词和英语 feel 的结果感知义的共性

汉语"摸"类词	英语 feel
通过触摸感知到	to have the sensation of contact with; to perceive by the sense of touch 注意到/感觉到(具体事物)

表 4-9 汉语"摸"类词和英语 feel 的结果感知义的差异

汉语"摸"类词	英语 feel
通过探取感知到	—
通过探索得到认识	—
通过暗中进行感知到	—
获得机会	—
—	to be conscious of (a subjective fact); to be the subject of, experience (a sensation, emotion), entertain (a conviction)深深体验到(有受事)
—	to be emotionally affected by (an event or state of things) 觉得/体会到(无受事)
—	—

由表 4-8 和表 4-9 可见,"摸"类词的结果感知义有 5 个义项,而 feel 只有 3 个义项。其中汉语"摸"的结果感知义中前两个义项为物理域的感知义,后三个义项为心理域的结果感知义;feel 的第一个结果感知义项为物理域的结果感知义,后两个义项为心理域的结果感知义;二者的心理域结果感知义是通过隐喻机制从物理域映射到心理域的结果。因此,除了数量上的差别,可以说"摸"类词和 feel 的结果感知义是相似的,不仅有物理域的感知义,还有心理域的感知义,心理域的感知义都是通过隐喻机制引申而来的。

对比表 4-6 和表 4-7 中"摸"类词和 feel 的动作感知义,可见二者的结果感知义并不是跟动作感知义完全对应的动作感知的结果。汉语的"摸"多了结果感知义项"获得机会",该义项用于口语中,并不用于书面语中,在 CCL 汉语语料库中能找到的语料也仅有那么几条而已。而 feel 的结果感知义则明显比动作感知义的数量要少,不存在和动作感知义的一一对应,可按照有无受事和受事的类型来进行分类,究其原因,大约跟 feel 的使用情况有关系。从历史发展来看,原型意义并不是一成不变的,我们在 OED 词典中所看到的 feel 的"触摸"义为其第一个义项,是最早产生的义项,也是其最初的原型意义,但是随着英语发展到现代英语阶段,义项"注意到/感觉到"反而成了英语国家人们日常生产生活中最为常用的义项,可以看作现代英语中 feel 的新原型意义。由此可知,现代英语中 feel 的结果感知义比动作感知义的使用频率更高。

表 4-10　汉语"摸"类词和英语 feel 的描述型感知义的共性

汉语"摸"类词	英语 feel
手感	to be felt as having a specified quality;to produce a certain impression on the senses(esp. that of touch)or the sensibilities;to seem 手感

表 4-11　汉语"摸"类词和英语 feel 的描述型感知义的差异

汉语"摸"类词	英语 feel
—	to give a particular feeling or impression 留下印象

表 4-10 和表 4-11 中可见,feel 的描述型感知义项有两个,从数量上来看要多一些。其中第一个义项"手感"和汉语"摸"类词的"手感"义用法基本相同,都是以受事为主语,不同的是谓语后面所跟的成分不同。具体来讲,英语的 feel 可以作为联系动词直接表达描述型感知义,后跟形容词做主语的补语,描述感知主体对受事的触摸手感;汉语的"摸"不能直接表达描述型感知义,需要借助"上去""起来"等趋向补语构成动趋结构,后跟谓词性宾语来表达触摸的手感。尽管"摸"类词和 feel 表示描述型感知义有着不同的语法结构,但是有一点是相同的,即不管是"摸"后跟趋向补语构成动趋结构,还是 feel 直接跟形容词做主语的补语,此种用法中"摸"和 feel 的动作意义并没有消失,存在实际的触摸动作,属于物理域的描述型感知义。因此,尽管"摸"类词和 feel 在表达描述型感知义时具有结构上的差异,但是我们可以说它们的描述型感知义是相似的,都可以应用于物理域。

不同的是,"摸"类词无法用来表达心理域的描述型感知义,而 feel 的第二个描述型感知义项"留下印象"则是心理域的描述型感知义,通常用于 it 为形式主语的结构中,其用法中并不存在实际的触摸动作。

"摸"类词和 feel 除了以上三种类型的认知语义以外,还有非感知义。二者非感知义的产生均是由语义变化引起的,认知动因都是隐喻机制。

表4-12　汉语"摸"类词和英语 feel 的非感知义的差异

汉语"摸"类词	英语 feel
猜测/推测	—
大概/大约	—
—	to apprehend or recognize the truth of (something) on grounds not distinctly perceived ; to have anemotional conviction of (a fact) 认为/相信

由表4-12可见,"摸"类词的非感知义义项有 2 个,feel 只有 1 个义项,二者的非感知义项在数量上有差别。从具体语义上来看,英语中 feel 的非感知义依然为动词义,而汉语中"摸"类词的非感知义一个是动词义项,一个是副词义项。

三、有同有异的认知模式

由前文的分析可见,隐喻机制在"摸"类词和 feel 的语义引申中起着举足轻重的作用,也是二者在历时过程中发生语法化的认知动因。

如表4-13所示,汉语的"摸"类词和英语的 feel 在语义引申中蕴含着两种相同的隐喻模式:"摸就是寻找""摸就是了解,摸就是认识"。这两种隐喻都是积极性质的隐喻。

表4-13　汉语"摸"类词和英语 feel 的隐喻模式共性

汉语"摸"类词	英语 feel
摸就是寻找	摸就是寻找
摸就是了解,摸就是认识	摸就是了解,摸就是认识

表4-14　汉语"摸"类词和英语 feel 的隐喻模式差异

汉语"摸"类词	英语 feel
摸就是偷	—
摸到即得到,摸不到即得不到	—

表4-14 列出了汉语"摸"类词和 feel 隐喻模式的差异。由表中可见,汉语"摸"类词的语义引申中还蕴含着"摸到即得到,摸不到即得不到"的隐喻模式和消极性质的"摸就是偷"的隐喻模式,这两种隐喻模式在 feel 的语义引申中并不存在。

本章小结

作为感官动词,"摸"类词和 feel 的认知语义可以划分为动作感知义、结果感知义、描述型感知义和非感知义四类,其中动作感知义和结果感知义不仅可以用在物理域,还可以用在心理域,形成心理感知义。本章从动作感知义、结果感知义、描述型感知义和非感知义 4 个方面入手,在共时层面上,对"摸"类词和 feel 的语义和语法表现进行了详细的分析并予以对比,揭示了二者认知语义的共性和差异;除此之外,本章还绘制了"摸"类词和 feel 的语义网络图,分析了二者的语义引申方式和规律,阐释其语义引申中蕴含的隐喻模式;在历时层面上,考察了"摸"类词和 feel 的语法化过程及其认知动因。

从语义引申方式来看,"摸"类词和 feel 的语义网络都呈现出散射型的引申方式,综合了链条型和辐射型两种引申方式,其中"摸"类词的语义引申义链条型为主,辐射型为辅;而 feel 的语义引申则以辐射型为主,链条型为辅。

从语义引申的认知动因来看,隐喻机制在"摸"类词和 feel 的语义引申扮演着重要的角色,在二者的语义引申中都蕴含着"摸就是寻找""摸就是了解,摸就是认识"这两种积极性质的隐喻。除了这两种共同的隐喻模式之外,"摸"类词的语义引申中还蕴含着"摸到即得到,摸不到即得不到"的隐喻和消极性质的隐喻——"摸就是偷"。

从语义引申的规律来看，"摸"类词和 feel 的语义演化都有两条并列的路径：从感官感知义引申到心理感知义，从感官感知义引申到非感知义。其中从感官感知义到心理感知义的引申也正是从具体的物理域的感知义到抽象的心理域的感知义。

第五章 汉英触觉形容词认知语义对比

广义的触觉形容词有 3 个语义场：温觉、触觉和痛觉。触觉语义场又可以进一步分为接触感和压觉语义场。本章的关注点是汉英压觉形容词的认知语义分析与对比，然后结合触觉形容词其他语义场（温觉、接触感和痛觉）的相关研究成果来确定汉英触觉形容词的语义引申的规律和认知动因。

第一节　汉语压觉形容词认知语义

笔者查阅了《现代汉语常用词表》（第 2 版），选取了常用的压觉形容词"轻"类词和"重"类词来进行认知语义的分析，挖掘其语义引申中蕴含的认知模式，揭示语义引申的规律。下面笔者将以词典和语料库为基础对"轻"类词和"重"类词的认知语义进行详细的分析。

一、"轻"类词的认知语义

（一）"轻"类词

查阅《现代汉语常用词表》（第 2 版）发现"轻"的词频顺序是 1162，在我们日常生活中的使用频率很高。用 AntConc 软件检索发现 77 个含有"轻"的条目，其中双音节词 50 个，四音节词 27 个。因此，又进行了二次筛选，原则如下：①以双音节词为主，收录基本词，如"年轻"可以扩展为"年轻人""年轻气盛"，"轻装"可以扩展为"轻装上阵"，扩展之后"年轻"和"轻装"的意思并未发生改变，因此只保留两个基本词供研究使用，扩展词被排除在外。"轻骑兵"由"轻骑"扩展而来，其意义也包含在双音词"轻骑"之内，因此仅保留双音节词。"轻重"出现在四音节词"轻重缓急""轻重倒置""无足轻重""举足轻重"中，扩展后的"轻重"意思包含在原来的双音节词之内，因此也仅保留双音节词,不再收录四字词。"轻飘"可以扩展为"轻飘飘",但因为二者意义不尽相同,因此两个词均保留了下来。②《现代汉语词典》(第7版,简称《现汉》)中含"轻"的词条排除和《现代汉语常用词表》(第2版)中重复的词,仅保留4个词:轻元素、轻水、轻诺寡信、轻嘴薄舌。

表 5-1　"轻"字成词情况

《现汉》中"轻"的意思	《词表》和《现汉》中含有"轻"的词
重量小;比重小	轻便,轻武器,轻机枪,轻量级,轻飘₁①,轻飘飘₁②,轻巧₁③,轻软,轻纱,轻省₄,轻型,轻扬,轻油,轻悠悠,轻于鸿毛,轻重₅,轻纺,轻工业,轻元素,轻水,轻金属
负载小;装备简单	轻装,轻骑,轻车简从,轻车熟路,轻轨,轻舟
数量少;程度浅	年轻,轻伤,轻淡,轻度,轻判,轻飘飘₂⑥,轻微,轻吟,轻重₂⑦
简单容易; 不感到劳累或有负担	轻活,轻而易举,轻巧₂⑧,轻取,轻身,轻省₂⑨,轻松,轻闲,轻易,拈轻怕重,轻音乐,轻歌曼舞,轻快₁⑩,轻飘飘₃⑪,
不重要	轻重,人微言轻
用力不猛;不费力	轻捷,轻风,轻抚,轻快₂⑫,轻描淡写,轻柔,轻声,轻手轻脚,轻盈,轻巧₃⑬
随便草率;不慎重	轻信,轻举妄动,轻率

---

① 轻飘₁:同轻飘飘₁。
② 轻飘飘₁:形容轻得像要飘起来的样子。如:垂柳轻飘飘地摆动。
③ 轻巧₁:重量小而灵巧。如:这小车真轻巧。
④ 轻省₁:重量小;轻便。如:这个箱子挺轻省。
⑤ 轻重₁:重量的大小。
⑥ 轻飘飘₂:肤浅;不深刻。
⑦ 轻重₂:程度的深浅,事情的主次。如:大夫根据病情轻重来决定病人要不要住院。
⑧ 轻巧₂:简单容易。如:说得倒轻巧。
⑨ 轻省₂:方言词,轻松。如:如今添了个助手,你可以稍微轻省点儿。
⑩ 轻快₁:轻松愉快。如轻快的曲调。
⑪ 轻飘飘₃:形容动作轻快灵活,心情放松、自在。如:他高兴地走着,脚底下轻飘飘的。
⑫ 轻快₂:(动作)不费力。如:脚步轻快。
⑬ 轻巧₃:轻松灵巧。如:他操纵机器,就像船夫划小船一样轻巧。

续表 5-1

《现汉》中"轻"的意思	《词表》和《现汉》中含有"轻"的词
不严肃;不庄重	轻佻,轻薄,轻浮,轻贱,轻狂,轻诺寡言,轻飘₂①,轻口薄舌
不重视;不认真对待	轻慢,轻敌,轻忽,轻看,轻蔑,轻生,轻视,轻侮,掉以轻心

表 5-1 列出了"轻"的成词情况,从表中所列各个义项来看,现代汉语中的"轻"不仅具有形容词义,可以用于偏正结构中,还具有动词义,可以用于动宾结构中。

(二)CCL 汉语语料库中"轻+名词"的搭配

汉语"轻"的用法比英语的 light 要灵活,不仅可以做修饰语,还可以做谓语。为了方便比较,仅选择其中可以充当修饰语的"轻"的语义作为研究对象。利用 CCL 汉语语料库查询"轻+名词"的搭配,要求该结构中的"轻"做修饰语,不能充当别的成分。

表 5-2　CCL 汉语语料库中的"轻+名词"搭配

第一组 (原型意义:重量小)	轻尘,轻刀,轻剑,轻量,轻纱,轻衫,轻粉,轻钢,轻鸥,轻木,轻裘,轻絮,轻罗彩绣,轻量级,轻镣,轻质,轻气球,轻车简从,轻车熟路,轻型,轻体建筑材料
第二组 (衍生意义)	轻粒子,轻光子,轻烃,轻油,轻柴油,轻伤,轻工业,轻子,轻水,轻金属,轻合金,轻物资,轻核酸,轻铁,轻核,轻元素,轻原子核,轻霭薄雾,轻雾,轻云,轻风,轻烟,轻装,轻喜剧,轻兵,轻骑,轻轨,轻坦克,轻战车,轻高射炮,轻胶,轻活,轻巡洋舰,轻客,轻品,轻担,轻器械,轻歌剧,轻甲兵,轻浪,轻疾,轻声轻气,轻轿,轻灾,轻舟,轻汽,轻骨头,轻歌舞,轻壤土,轻火力,轻罚,轻患者,轻音乐,轻刑,轻罪,轻行为,轻度,轻法,轻过失,轻技术,轻歌曼舞,轻四轮,轻笑,轻音慢语,轻赋,轻波,轻原油,轻曲,轻吨,轻卡,轻烧镁,轻车兵,轻发酵茶,轻印刷,轻轨铁路,轻症,轻剂,轻药,轻土,轻污染,轻骨料,轻重音,轻唇音,轻声,轻音,轻纺,轻汽油,轻骑兵,轻武器,轻机枪,轻迫击炮,轻稀土,轻脚轻手,轻税,轻田税,轻徭薄赋,轻者,轻功,轻判,轻淡

---

① 轻飘₂:轻浮不踏实。如:作风轻飘。

从表5-2中所列"轻+名词"的搭配组合形式中可见,"轻"均为形容词义,与《词典》中所列"轻"的语义相比,这些搭配组合中所包含的"轻"的含义少了"不重视,不认真对待"义项,因该义为动词义项,不能在"轻+名词"搭配中充当修饰语,所以不包含在上表所列搭配中。

表5-2搭配分组可见,第一组跟原型意义相关的搭配组合在数量上明显比第二组与衍生意义相关的搭配要少得多。从表5-2所列"轻+名词"的搭配来看,"轻"有成为类前缀的趋势,常用于构成三音节词,如"轻音乐""轻歌舞""轻喜剧""轻歌剧"等带有积极肯定态度的褒义词。

(三)"轻"类词的认知语义分析

《说文解字》中有:"轻车也。从车巠声。去盈切。"《说文解字注》:"……轻本车名,故字从车。引申为凡轻重之轻,……"从段玉裁的注释来看,"轻"在其产生之初并不是形容词,而是一个名词,因为是车名所以以"车"为部首,指"轻小之车"。从《周礼注疏》中"轻车,所用驰敌致师之车也"来看,"轻车"即一种轻便的兵车,因负重小而轻便。因"轻"作为"轻车"的名词义在现代汉语中已经不再使用,因此可以把与重量相关的义项"重量不大"作为"轻"众多义项的原型意义,其他义项作为衍生意义。

1.原型意义

《现代汉语词典》(第7版)中"轻"类词的首个义项为"重量小;比重小"。该意义与人或物体自身的重量有关,跟"重"相对。比重是指物质的重量和它的体积的比值,即物质单位体积的重量,并不是直接指向液体或物体的重量,因此"重量小"为原型意义,"比重小"可以看作从原型意义衍生出来的义项。如:

①这种材料具有重量轻和渗水性强的特点。

②赫哲族老人介绍,鱼皮做的衣服轻便、保暖、耐磨,而且防水抗湿。

③举重比赛成绩相同谁体重轻谁就是胜利者。

例①和例②中的"轻"均是"重量小"的意思。物体重量小,就方便携带,如步枪、冲锋枪、机枪等轻武器。

2. 衍生意义

(1)"比重小"义

比重，即相对密度，是某一物质的密度与用作标准的另一物质的密度之比，液体或固体的比重能够决定它们在另外一种流体中的沉浮，若是比重小，即密度小于另一流体的密度，则漂浮；反之则下沉。"轻水（H_2O）"即普通水，由最轻的氢原子和氧原子构成，因比"重水（D_2O）"的相对分子质量轻而被称为轻水，作为冷却剂和中子的慢化剂广泛用于各种反应堆中。比重小即相对密度小，因此该语义引申中蕴含着"密度小为轻"的隐喻。如：

④油比水轻，所以油浮在水面上。①

⑤柳絮轻扬。

⑥朝鲜同意以轻水反应堆取代现在使用的石墨反应堆。

(2)"负载小；装备简单"义

常常用来构成"轻装""轻骑""轻轨""轻舟"等双音节词。从这些双音节词可以看出，这一词汇概念常用于形容车、船、铁路等运输工具。轻轨铁路是城市公共交通所使用的铁路，列车由电力机车牵引，与大型铁路机车不同的是，轻轨机车车厢内设施比较简单，每节车厢载客量有限，但是具有车辆运行快速平稳、乘客上下车速度快、车辆周转快、客流疏散快等特点，轻轨列车各种快速的特点均是由其负载量小、装备简单带来的。从"重量小；比重小"义到"负载小；装备简单"义的引申，通过隐喻从性质特点域映射到功能特点域，蕴含着"快就是轻，负载少为轻"的隐喻。如：

⑦丢下辎重，一律轻装，迅速通过狭口！

⑧努尔哈赤率领轻骑兵，如风卷残云，冲入城内。

⑨因此，建立容地铁、轻轨为一体的上海有轨交通模式成为专家们议论的话题。

(3)"数量少；程度浅"义

如例⑩到例⑬所示，常用于形容年纪不大、生活负担不重、罪行不重、病情不严重等，还可以用于形容人睡眠浅，容易被外界的声音吵醒，如例⑭。

---

① 例④、例⑤来源于《现代汉语词典》（第7版）。

这些例句中"轻"的语义中都蕴含着"数量少为轻,程度浅为轻"的隐喻。如:

⑩大狮子的儿子是小狮子,虽然年纪轻,百兽也只能跟在后面,不敢超到它前面去。

⑪她朝着教堂所在的方向走去,这时她觉得背上的负担轻了一些。

⑫由于感情一时冲动而犯下的罪行,比长期预谋的罪行轻。

⑬在非典疯狂肆虐的时候,儿童非典发病人数少、症状轻。

⑭我睡眠轻,容易醒。

⑮虽然车被炸毁,但由于车内无人,只有在场的几名士兵受轻伤。

⑯被指控策划恐怖袭击的阿布达拉因坦白交代了大量有用情报,才获得轻判。

⑰她脸上极为轻淡的浅妆以及衬领口上的橙色围巾却又证明了她是一个女儿身。

如例⑮到例⑰所示,"轻"作为构词要素可以用来构成"轻伤""轻判""轻淡"等合成词,其中也蕴含着"数量少为轻""程度浅为轻"的隐喻。

(4)"简单容易;不感到劳累或有负担"义

该义项常用于形容某件事情或工作容易做,不会使人感到身体上或心理上的劳累,还可以用于形容音乐、阅读等能够让人放松心情,消除疲乏。除了轻快活泼、以抒情为主、结构简单的"轻音乐"之外,还有从形式上看"好读"、适合快节奏生活、能够在保证读书情调的同时缓解压力、让人心情放松的"轻阅读"。其中蕴含着"不费力为轻"的隐喻。如:

⑱嗬! 你说得真轻巧! 俺差点未被他活活打死,不信,你去街上问去!

⑲读书的时候,要自己动脑筋想,不要轻易被人"带到沟里去"了。

⑳很多人在做单调工作时,都习惯听轻音乐①,以集中精神。

(5)"不重要"义

该义项可以构成合成词"轻重""人微言轻",如例㉓用于形容某件事无关紧要。苏轼的《上执政乞度牒赈济及因修廨宇书》中就有"……盖人微言轻,理当自尔",说的就是自己地位低,说话不被重视。蕴含着"无关紧要为

---

① CCL汉语语料库中此处有括注"BGM",但BGM实为背景音乐,不同于轻音乐,应为原文作者误用,故此处不引用。

轻"的隐喻。如：

㉑他的责任不轻呢！他可是没透出慌张来；……

㉒我人微言轻，一点儿办法也没有，只有去请子宽先生帮忙。

㉓人的需求都有其轻重的层次，一旦某种需求得到满足，另一种需求又会出现，又需要满足。

(6)"用力不猛；不费力"义

该义项和力度弱有关，常用来形容声音温柔或柔和、风力不大(气象学旧指2级风为轻风)、脚步或动作力度不强等。蕴含着"力度小为轻"的隐喻。如：

㉔他很快就又开口说话，声音轻而含混。

㉕怕吵醒这些在树林中睡觉的人，我尽量让自己的脚步轻一些，可还是惊动了几个人。

㉖怕搅乱小叶的安睡，她轻拿轻放地拾掇自己的东西。

㉗同伙和他一样是个动作轻巧灵活的小个子，面色苍白，有一头蓬乱的很红的头发。

㉘她轻悠悠的歌声，土房里温馨的宁静，尔舍沉睡的小鼾……

(7)"随便草率；不慎重"义

可以构成合成词"轻信""轻举妄动""轻率"等，常用来形容人说话做事、行为动作或态度不够谨慎。蕴含着"不慎重为轻"的隐喻。如：

㉙我们所做的任何事情都必须是公开、合法、上得了台面的，我们不会轻率行事。

㉚怎么能想象，一个认真严肃的作家，能对社会生活冷漠不关心，对自己的事业也抱轻率态度呢？

㉛没有它，我们的精神就会太快地做出对自己的轻率结论，并且带来不可改变的丢脸的结果。

(8)"不严肃；不庄重"义

可以构成合成词"轻佻""轻浮""轻狂""轻薄"等，常用来形容人的态度不够庄重，姿势不够端庄，行为、说话语气腔调不严肃，等等。蕴含着"言行不稳重为轻"的隐喻。如：

㉜小芹今年十八了，村里的轻薄人说，比她娘年轻时候好得多。

㉝她终于亲眼看到了自己在模仿少年时的自己，这似乎是一个举止轻浮的女孩。

㉞目前他固然还有些轻狂的言论，但是一旦到了成熟期，他一定会成为一个中流砥柱。

㉟殊不知上面这轻飘飘的一声"招呼"，给下面的干部群众却带来了沉甸甸的任务。

(9)"不重视;不认真对待"义

可以构成合成词"轻慢""轻视""轻蔑""轻侮""掉以轻心"等，常用来表示对他人、事或物采取的态度不认真，不当回事。该义项不是形容词用法了，而是"轻"的动词用法，其中蕴含着"不重视为轻"的隐喻。

㊱这种传说在史料上虽然难以稽考，但是背后所代表的意义不容轻忽。

㊲历来无论智慧多高的人也没有人敢轻视论语，就是佛教的那些大和尚也不敢轻视论语。

㊳张兴民严词拒绝，正告对方不得轻侮中国国家银行，说完拂袖而去。

(四)"轻"类词的语义网络

从上文的分析可知，在"轻"类词的原型意义"重量小"的基础之上，通过隐喻机制，引申出来不少衍生义项，这些衍生义项都跟原型意义有着这样或那样的联系。根据上文的语义分析，笔者画出了"轻"类词的语义网络图，如图5-1所示。从中可见，以原型意义"重量小"为中心，通过辐射的方式衍生出来9个衍生意义，每个衍生意义距离位于中心的原型意义的距离相等。

在前面对"轻"类词的认知语义的分析中可知，"轻"类词的语义引申是隐喻机制起作用的结果，其语义引申呈现出辐射型的方式，语义引申规律是从具体概念引申到抽象概念。

隐喻机制是"轻"类词语义引申的认知动因，意象图式模式和命题模式则共同构成了"轻"类词的词汇概念的基础。和"轻"类词相关的意象图式模式为:重量小。和"轻"类词相关的命题模式有:轻是人对重量的一种主观感觉;感觉轻是愉悦的，偶尔会令人不愉快;轻是重量或力度减少的一种状态;

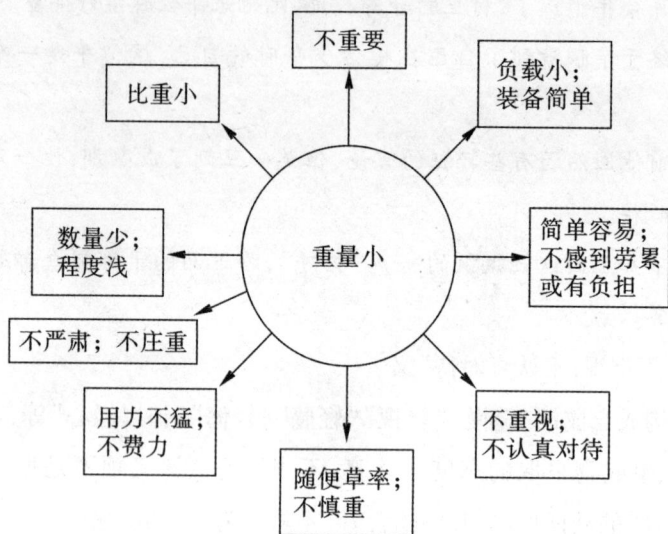

图 5-1　"轻"类词的语义网络

轻是事物负载少的一种状态。前两种命题模式与人相关,后两种命题模式与事物相关。

二、"重"类词的认知语义

(一)"重"类词

"重"在《现代汉语常用词表》(第 2 版)中的词频顺序为 829,可见在人们日常生活和交流中的使用频率很高。使用 AntConc 软件检索发现 101 个含有"重"的条目,其中双音节词 91 个,多音节词 10 个。对这 101 个词中进行了二次筛选,原则如下:①以双音节词为主,收录基本词,如"重病"可以扩展为"重病号","重点"可以扩展为"重点校","重头"可以扩展为"重头戏","轻重"可以扩展为"无足轻重""轻重倒置","郑重"可以扩展为"郑重其事",扩展之后"重病""重点""重头""轻重""郑重"的意思并没有发生改变,只保留基本词供研究使用,扩展词就不再收录。②多音节词意义相近的,收录高频词。如"尊师重教"和"尊师重道"意义相近,考虑到"尊师重教"就出自"尊师重道",且在人们日常生活中的使用频率略高于"尊师重道",就只收录了"尊师重教"。

表 5-3 "重"字成词情况

"重"的释义①	《词表》中含有"重"的词
重量;分量	负重,体重,载重,承重,起重,净重,比重,毛重,举重,失重,重量
重量大;比重大	重磅,重负,重工业,重荷,重活儿,重机枪,重剑,重力,重晶石,重金属,重量级,沉重,重炮,重拳,重水,重武器,重孝,重心,重型,重压,重油,重音,重载,厚重,吃重,借重,粗重,繁重
程度深	重办,重病,重彩,重残,重创,重罚,重犯,重判,重伤,重听,重灾,惨重,危重,严重,言重,深重,语重心长,德高望重
数量多	重价,重兵,重金,重奖,重赏
重要	重镇,重磅,重臣,重大,重担,重地,重点,重任,重头,重托,重要,重责,任重道远
用力猛	重读,手重
言行不轻率	庄重,慎重,隆重,凝重,郑重,稳重,持重,自重
认为重要而认真对待	重利,重视,尊师重教,尊重,推重,注重,保重,倚重,着重,偏重,看重,器重,侧重,并重,重用,珍重,敬重

从表 5-3 中可见,"重"不仅有形容词义,还有名词义和动词义。

《现代汉语词典》(第 7 版)中所列"重"的第一个义项为"重量;分量"。"重量"是一个物理概念,用来度量物体受重力的大小,以牛顿为单位。现代汉语中有"净重""毛重""承重""负重"等,但是这里的"重"并不是以牛顿为单位,不是用来度量重力的,实际上指的是物体的质量。在地球引力的作用下,重量和质量基本等值,只是度量单位不同,通常人们日常生产生活中所讲的"重量"其实指的是物体的质量,常以千克、克、公斤、斤等为度量单位。如:

①这钹直径二尺七寸,重十斤八两,比戏台上唱《铁笼山》的那对钹还要大。

---

① 表 5-3 中"重"的释义是笔者参照《现代汉语词典》(第 7 版)里的义项,根据词语意思分类总结出来的,这个表里包含"重"的所有词性用法的释义,所以释义比《现代汉语词典》(第 7 版)里的要多。

②用于堵塞墓道的石头,每块塞石重达 6~7 吨。

表 5-3 中最后一个义项为"认为重要而认真对待",常构成合成词"重利""重视"等,用于形容对他人或事物采取认真对待的态度,其中蕴含着"态度认真为重"的隐喻。该义项为"重"的动词用法,如:

③东方文化的传统比较重视个人对于集体的义务感。

④商人重利轻别离,前月浮梁买茶去。

⑤加强教师队伍建设,在全社会进一步形成尊师重教的良好风尚。

因为该部分的主要内容是压觉形容词"重"的语义分析,所以名词义项和动词义项不是我们重点要分析的内容。

为了弄清"重"在产生之初的意义,我们有必要了解其字源字形。 是金文的"重", 是小篆的"重"。《汉字源流词典》中如此解释"重"的构造:"会意兼形声字。金文从人,从東(东,竹笼),是一人背负一篓东西形,表示很沉重,東也兼表声。篆文整齐化,并在人足下加土,表示挺立在地上。隶变后楷书写作重。"①《说文解字》中有:"厚也。从壬东声。凡重之属皆从重。"如此可见,"重"在产生之初,本义应为"沉重",即"重量大"。如此可知,"重"的名词义项和动词义项应为其衍生义项。

(二)CCL 汉语语料库中"重+名词"的搭配

CCL 汉语语料库中含有"重"的现代汉语语料共有 800473 条,其中不仅包含有"重 zhòng+名词"的用法,也有"重 zhòng"用作动词的用法,还有其同形异音字"重 chóng"的各种用法,因为 CCL 汉语语料库为未标注语料,所以要判断是哪种"重"的用法,只能靠人工识别。鉴于样本量大,笔者采取了随机抽样的方法,将 CCL 汉语语料库中"重"的现代汉语语料检索结果从第 3 页开始,每 9 页选取 50 条语料,共选取语料 88900 条,浏览其中每一条语料,从中找出了"重 zhòng+名词"的所有搭配形式,排除其中"重"用作动词的形式,仅保留用作修饰语的搭配,详见表 5-4。

---

① 谷衍奎.汉字源流字典[M].北京:语文出版社,2008:874.

表5-4　CCL 汉语语料库中的"重+名词"的搭配

语义类型	"重+名词"的搭配
原型意义	重心,重工业,重金属,重力,重轨,重介质,重物,重骑兵,重甲,重铠甲,重武器,重拳,重石,重质,重型,重水,重机枪,重巡洋舰,重炮,重箱子,重锤,重结晶,重晶石,重荷,重汽,重化工业,重柴油,重机械,重剑,重油,重钙,重粒子,重离子,重力墙,重装备,重纸卷,重轭,重火力,重迫击炮,重装,重量感,重孝
衍生意义	重点,重任,重伤,重病,重臣,重职,重镇,重灾区,重赏,重担,重罚,重者,重礼,重创,重资,重金,重债,重症,重罪,重污染,重度,重负,重兵,重办,重税,重奖,重压,重典,重感冒,重活,重彩,重托,重头戏,重判,重灾,重刑,重酬,重课,重盐碱地,重犯,重药,重挫,重地,重案,重器,重赋,重击,重煞,重话,重雾,重责,重誓,重宝,重载,重口味,重口音,重手,重音

(三)"重"类词的认知语义分析

1. 原型意义

《现代汉语词典》(第 7 版)中"重"类词的第一个形容词义项为"重量大;比重大",表示物体重量不小,与触压觉相关,因此可以把该义项看作触压觉形容词"重"的原型意义,其他义项看作由原型意义衍生出来的意义。"重"类词的原型意义跟"轻"刚好相反,具有完全相反的意象图式模式。其意象图式模式为:重量大。

⑥建州卫都督府门前都扎起白布,上下人员,都穿了白袍,挂了重孝。

⑦那里除了储存着大量飞机、大炮和轻重武器外,储存的战备粮食据说可以用10年。

2. 衍生意义

(1)"程度深"义

该义项常用于形容病情严重、罪行严重、损失或伤亡严重、声望高、责任心重等。作为构词要素,常用来构成合成词"惨重""重病""重伤""重灾""德高望重"等,这些词的语义中也都蕴含着"程度深为重"的隐喻。如:

⑧如果这时候看见她那双专注而有神采的眼睛,谁都不会相信这是个身患重病、非常清楚自己将不久于人世的人。

⑨毒奶粉这种事在任何国家几乎都是重罪,都会让我们怒发冲冠,那残害的可都是呀呀(牙牙)学语的孩子啊。

⑩遭受重灾的地区,要坚定信心,克服困难,抓紧生产自救,妥善安排灾民生活。

⑪他认定陈伯华是一位德高望重的大师,便毫不吝啬地倾注友谊和信赖。

(2)"数量多"义

常用于构成合成词"重兵""重金""重赏"等,形容价格高、奖赏高、兵力雄厚等,其中蕴含着"数量多为重,价高为重"的隐喻。

⑫他的拿手好戏是利用敌方内部矛盾,以重金和高官收买叛将。

⑬重赏之下必有勇夫。

⑭回鹘重兵压境,虎视长安。

(3)"重要"义

常用来构成"重臣""重镇"等合成词,用于形容人或事物很重要。其中蕴含着"事关紧要为重"的隐喻。

⑮清代在边疆地区实行军政合一的制度,由中央委派重臣,授以将军、办事大臣等职来统辖。

⑯重庆是我国西南地区工业重镇,也是一座老工业城市。

(4)"用力猛"义

常用来构成合成词"重击""重读"等,用于形容用力猛或动作力度大。其中蕴含着"力度大为重"的隐喻。如:

⑰经过几次重击,《人民日报》绝大多数人可说彻底解除了精神武装。

⑱在有词重音的语言里,非重读音节往往是弱化的音节。

⑲他走路脚步重,抓着地走。

(5)"言行不轻率"义

常构成"稳重""庄重""慎重""持重"等合成词,用于形容人说话、做事或态度谨慎,不随便草率。其中蕴含着"言行不轻率为重"的隐喻。如:

⑳宋庆龄是一位坚强的人、高尚的人,讲话稳重,我们对她非常尊敬。

㉑宠辱不惊、老成持重的尹宏仁,锋芒内敛,谦和含蓄。

(四)"重"类词的语义网络

从以上的分析可知,在"重"的原型意义"重量大"的基础上,通过隐喻机制的作用,引申出来不少衍生义项,这些衍生义项都跟原型意义有着这样或那样的联系。在上文对"重"类词的语义分析的基础上,笔者绘制了"重"类词的语义网络图,如图 5-2 所示。图中可见,"重"的原型意义和衍生意义形成了一种辐射型的网络,以原型意义"重量大"为中心,通过辐射的方式衍生出 8 个衍生义项。从前面的分析中可知,"重"的语义引申是隐喻机制起作用的结果,语义引申规律是从具体概念引申到抽象概念。

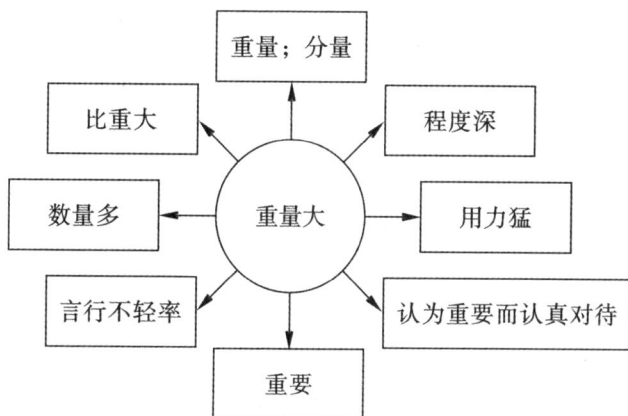

图 5-2 "重"类词的语义网络

隐喻机制造就了"重"类词的语义引申,意象图式模式和命题模式则共同构成了"重"类词的词汇概念基础。和"重"类词相关的意象图式模式为:重量大。相关的命题模式为:重是人对重量的一种主观感觉;感觉重令人不愉快,偶尔会令人感到喜悦;重是重量、力度或程度增加的一种状态;重是事物负载量大的一种状态。前两种命题模式与人相关,后两种命题模式与事物相关。

第二节 英语压觉形容词认知语义

本节选取英语中高频压觉形容词 light 和 heavy 为研究对象,结合词典和语料库来分析其认知语义,探索二者语义引申中所蕴含的认知模式,并揭示其语义引申方式和引申规律。

一、light 的认知语义

(一)语料库中的"light+名词"搭配

利用 Sketch Engine 查询 BNC,只查询 light 的形容词用法,词汇特性描写结果显示如图 5-3:

$$\text{light}\ \begin{array}{l}\textit{(adjective)}\ \text{Alternative PoS: noun (19,761) verb (3,736) adverb(28)} \\ \text{British National Corpus (BNC) freq = 7,176(63.87 per million)}\end{array}$$

图 5-3 BNC 中 light 的词汇特性描写结果

从该图中可以看出,在 light 的各种词性中,最常见的是名词,共有 19761 条例句;其次为形容词,7176 条例句,其中能够以 light 作为修饰语的名词和动词所在例句有 4963 条。为了研究需要,去除其中跟 light 的"光线明亮""光线""灯"义有关的例句、light 作为动词修饰语的例句和 light 作为名词成为别的名词修饰语的句子 2247 条,仅保留与"重量不大"义有关的 light 做名词修饰语的例句 2716 条作为研究统计的对象。对这 2716 条例句进行全面检索,查找所有"light+名词"的搭配形式,符合条件的搭配如下:①light+名词;②light+其他修饰语+名词;③light+名词$_1$+and/or+名词$_2$;④light+名词$_1$,名词$_2$+and/or+名词$_3$;⑤light+名词$_1$+of+名词$_2$;⑥light/lighter/lightest+名词。以上几种搭配类型中,①②⑥中仅出现一个名词,即为适用搭配;③④中出现名词不止一个,这两种模式中任意位置的名词都可以作为 light 的适用搭配;⑤中有两个名词,该模式中只有出现在名词$_1$位置的才是 light 的适用搭配。这 2716 条语料中符合"light+名词"组合的名词比较多,为了尽可能全面概括其全貌,笔者列出了出现频率大于 4 次的所有"light+名词"组合,含有"轻佻的""便宜的"等古旧义的 light 用法不在统计范围内,共有 1564 个符合要求的"light+名词"的搭配组合。表5-5 按照原型意义和衍生意义将这些搭配进行了分类,详细的频次统计见附表5。

表5-5 BNC 中的"light+名词"搭配

语义类型	"light+名词"的搭配
原型意义	light weight, light vehicles, light things, light suit, light shoe, light railway, light rail, light product, light (aero) plane, light particle, light metal, light material, light manufacturing, light jacket, light industry, light heavyweight, light gun, light fuel, light element, light dress, light crude, light cruiser, light coat, light cloud, light clothing, light car, light aviation, light armour, light aircraft, light alloy
衍生意义	light works, light work, light wine, light wind, light van, light truck, light voice, light vein, light type, light training, light touch, light tone, light tap, light style, light soil, light supper, light step, light snack, light sleeper, light sleep, light shower, light sentence, light removal, light refreshment, light relief, light reading, light rain, light opera, light novel, light music, light movement, light middleweight, light meal, light lunch, light laugh, light load, light kiss, light infantry, light heart, light hand, light footstep, light fiction, light exercise, light entertainment, light engineer, light duty, light drizzle, light comedy, light caress, light breeze, light breakfast, light bread, light application

从表5-5 所列的常用搭配来看,与原型意义相关的搭配数量要比衍生意义相关的搭配数量少得多。从所涉及的 light 的义项来看,比 OED 所列义项要少两个义项,缺少的两个义项不用作修饰语,而是用作补语。

(二)基于词典的 light 语义分析

从 OED 中的查询结果来看,light 不仅可以用作名词,还可以用作动词、形容词和副词。该词典中列出了两个形容词 light,其中 light$_1$ 的语义与"重量不大"有关,light$_2$ 的语义与"光线明亮"有关。因为本研究为触觉范畴词汇语义研究,所以仅把 light$_1$ 词条后所列的义项纳入研究范围,即仅选取与"重量不大"相关的释义。OED 中 light₁ 的义项有 22 个,分成了 7 类,鉴于有些意义已经属于古旧的用法,现代英语中不再使用,在此就不再进行讨论,下面笔者将详细阐释现代英语中仍然在使用的、与触压觉相关的 light 的原型意义和 15 个衍生义项。

1. 原型意义

OED 中所列 light₁ 的第一个义项为"of little weight, not ponderous 重量小",和 heavy 互为反义词,用于描写人或事物重量小,或者事物重量低于平均水平或法定水平。该义项位于 light₁ 后词条义项的首位,可以说是该词在英语国家人们实际生活中最早出现的意义,因此可以视为触压觉形容词 light 的原型意义,用于表达人通过触压觉感受到的性质特征——重量小或分量不足。

如"light ice 薄冰",用于描述水中确实有冰,但是厚度很小,不影响航行,"light ice"即"不重的冰",用在汉语中则为"不厚的冰""薄冰"。再如例①到例③,不重或分量不足(本身重量低于本应该有的水平)都是事物本身所具有的特征,更重要的是,这些事物特征和人类的生活、工作等各种体验息息相关,金币虽不足值,但不影响流通的需要;摄像机轻,对人类来讲方便携带;土豆重量不足,有损收货人的利益。如果这些特征和人类的生活体验无关的话,重量特征就对人类没有什么意义,事物的重量特征之所以有意义就是因为它关乎人类体验,在人类生产生活中起着一定作用。

①Modern video cameras are **light** and easy to carry.

新型的摄像机很轻,容易携带。

②The delivery of potatoes was several kilos **light**.

送货送来的土豆少了好几公斤。

③There is about£ 50,000,000 of **light** gold in circulation.

大约有价值 5 千万英镑的不足值金币在流通。

2. 衍生意义

(1)possessing little weight in proportion to bulk;of small specific gravity 比重小的

该义项是在原型意义"重量小"的基础上衍生出来的,用于描述某些比

重相对小的事物。在 17 世纪、18 世纪常常用于"light water(轻水)",如:

④The best water is clear, transparent and **light**.

最好的水清澈、透明而且轻。

后来才用于形容那些相对比重小的元素,这些元素在元素周期表中的序号也小。如"light metal 轻金属",指的就是一种像铝、钛等比重相对来说比较轻的金属;"light alloy 轻合金"就是在轻金属基础上合成的一种合金。

(2)bearing a small or comparatively small load 载货少的或相对少的

该义项常用于描述载货少或没有载货的船,空船。例⑥中的"light line 空载水线",也可以用"light water-line"来代替,指的是完全空载、仅有船舶设备和燃料的船舶吃水深度,相对应的"load line 满载水线"即满载船员、乘客、行李或货物时船舶的吃水深度。"light line"并不是人们生活中常用的,仅仅出现在专门的领域,但是我们依然能够判断出该短语绝对不是指"轻的线条",而是空载时,水在船体上刻画的线条,尽管是空载,但是船本身是有重量的,除此之外还有航行必需的设备和燃料,因此"light line"的产生还是跟重量有关。不管是"light line 轻载水线"还是"load line 满载水线","重量"都是其中的重要因素,重量越轻,船舶吃水就越浅,船体和水面接触形成的曲线与该船舶甲板之间的高度就越大;反之,则水线与甲板之间的高度就越小。

该义项是从原型意义衍生出来的,船负载少就会产生"light line 轻载水线",负载多就会产生"load line 满载水线",从"重量小"到"载货少"的语义引申是通过隐喻完成的,其中蕴含着"负载少为轻"的隐喻,类似的还有"light car 轻型汽车""light truck 轻型卡车"等。

⑤The ship was sent **light** as they call it to Virginia for a loading to tobacco.

这艘空船被派到弗吉尼亚装载烟草。

⑥The displacement of a ship between her **light** and load lines could be estimated, and would give the true "dead-weight capability".

一艘船的空载水线和满载水线之间的排水量差距是能估算出来的,并得知这艘船真正的固定负载量。

除了表示空载的船之外,还可以用于表示"light industry 轻工业",指生产消费资料的工业部门,不仅提供人类日常的生活消费品,而且制作手工工具,如生产食品、纺织、皮革、造纸、日用化工、文教艺术体育用品等。跟"heavy industry 重工业"相比较而言,轻工业部门的共性就在于生产规模小,投资小,建设周期短,见效快,能源消耗少,劳动密集程度高,积累多,产品的单位体积的相对重量小。仅从产品单位体积的重量来看,轻工业产品之所以没有被称为"重工业产品"是因为其单位体积重量轻。

(3)lightly armed or equipped 轻武装的

该义项主要用于军事行业,表示没有配备坦克、大口径火炮等重武器,只配备如手枪、冲锋枪、手榴弹、轻型燃烧武器等适合单兵或班组战斗的轻型武器。例⑦中的"light cavalry"旧时指"轻骑兵",即轻装骑兵,相对重骑兵而言,其装甲覆盖率要低不少,但是又远高于步兵的装甲覆盖率,腰部以上都受到装甲保护。轻骑兵换装性卓越,可以配备不同的轻型战斗武器来完成各种不同任务,战斗技能良好,作战灵活,机动性强,是旧时战争的制胜力量之一,相当于现代的特种侦察兵。现代意义上的"light cavalry"则指"轻型装甲兵"。装甲兵部队是陆军的一个重要战斗兵种,属于陆军的重要突击力量,以坦克和其他装甲车辆等重型陆战武器为基本装备。从编制组成来看,装甲兵以坦克兵为主体,还包括炮兵、导弹兵、防空兵、侦察兵等多个兵种,那么现代意义上的"light cavalry 轻型装甲兵"即没有配备重型陆战武器的装甲兵。"light marching 轻便行军"则为武装前进时不携带重型武器,仅携带轻型武器、弹药和必要的体积小、重量轻的保障装备。

⑦He was overtaken by a party of **light** cavalry.

一队轻型装甲兵追上了他。

⑧The division was to enter the trenches…in what is called **light** marching order;that is,leaving their knapsacks,blankets,etc.,behind,and carrying with them only their arms and ammunition.

这个师要进入战壕……轻便行军,也就是说要留下他们的背包、毯子等,仅携带武器和弹药。

⑨The legion had come **light**,without tents or baggage.

该军团(古罗马)轻装到来,没有帐篷,也没有行李。

不管是"light cavalry 轻型装甲兵",还是"light marching 轻便行军",都与携带的装备有关,其语义中隐含着"负载少为轻"的隐喻。

(4)lightly constructed 轻结构的

该义项常用于某些结构轻的事物,如车、船、建筑物等,设计轻结构车、船、飞机(如大多数非商业性质的私人飞机)等的初衷是能够轻便快速行驶或飞行,设计轻结构建筑物的初衷是外观上显得更为优美和高雅。如:

⑩The popularity of the **light** car,particularly in its minicar form,had the effect in the 1960's of reducing the average size of motor cars in general.

由于轻型汽车受欢迎,尤其是微型车的流行,20 世纪 60 年代汽车的平均尺寸普遍都有所缩减。

⑪Such timber model would have given rise to a much **lighter** style of architecture.

这样的木材模型将会引领一种更为轻巧的建筑风格。

我们日常生活中常见的"light car 轻型汽车""light plane 轻型飞机""light rail 轻轨"等轻结构的交通工具,建造原材料轻是为了追求安全前提下的速度,其中蕴含了"快就是轻"的隐喻。

(5)having little momentum or force 轻柔的;不太用力的

该义项常常和"the hand 手""a step 脚步""the wind 风"等连用,"medicine 药"和"medical appliance 医疗器械"在现代英语中已经不再和 light 一起使用了。偶尔也会与非物质类名词连用,如"light touch 轻抚"。其中蕴含着"力度小为轻"的隐喻。如:

⑫There are risings and sinkings…as **light** as a cork.

起起伏伏,轻如软木。

⑬Ellena fled with **lighter** steps along the alley.

埃伦娜沿着小路悄悄地逃走了。

⑭Inter-current inflammations should be treated on general principles but with a **light** hand.

并发的炎症按照一般的原则进行治疗,但是用药要轻。

⑮A **light** breeze stirred the waters of the bay.

微风轻轻搅动着海湾的水域。

(6)having little density,tenacity,or cohesive force 密度小;黏性不大;内聚力不高的

该义项一般用于形容土壤(soil)松软,透气,适于耕种,通常所说的沃土(light soil)主要构成成分就是黏土、沙和有机物质,因为沙子的存在而导致土壤黏度不大、密度小、不易成结。"light cloud 淡淡的云",用来形容云彩比较少,比较薄,成雾状,有轻飘飘的质感,容易消散。还可以用于形容面包(bread)或糕点(pastry)分量轻,口感松软。面包在制作过程中,需要经过两到三次发酵,发酵以后面团膨胀、松软,切面有均匀的小孔,单位体积密度小。其中蕴含着"密度小为轻"的隐喻。如:

⑯Some of the **lighter** clouds doubled round the summit of the mountain.

些许轻云萦绕于山巅。

⑰Sand…generally prevails to the amount of one half in **light** soils.

沙子……通常占轻质土壤(适于耕作)的一半。

⑱There is a **light** cloud by the moon.

月亮边上有一团淡淡的云。

⑲The district of Glenlivet is remarkably fertile,the soil being a **light** loam.

格伦利瓦地区因沃土(含有黏土、沙和有机物质的土壤)而富饶多产。

⑳Make it up into a **light** paste with cold water…then roll it out.

用凉水活面团……然后擀开。

㉑For those who prefer very **light** breads and pastries,wheat flour is added to…

对喜欢吃松软的面包和糕点的人来说,添加小麦面粉……

(7)of food or drink:that does not lie heavy on the stomach;easy of digestion. Of wine,beer,etc.:containing little alcohol 食物或饮品易消化的;酒精含量低的酒

从属性特征来看,高脂肪食物、煎炸烤的食物、辛辣食物、粗纤维且易产

生气的食物、动物的筋和胶等都属于不容易消化吸收的食物,而那些低脂肪食物、非油炸食物、清淡不刺激的食物、低纤维蔬菜以及大部分水果都属于容易消化吸收的食物。可见,不易消化的食物热量高或味道厚重油腻,而容易消化的食物则热量不高或味道清鲜不淡,因此可以说清淡易消化,厚重不易消化。高度酒单位体积的酒精含量和浓度比低度酒要高,酒精度数低则为轻,酒精度数高则为重。"light meal 简餐""light vegetable 易消化的蔬菜"等搭配中蕴含着"食物易消化为轻"的隐喻。如:

㉒The little family were assembled at the last and **lightest** meal of the day.

这一家子在吃最易消化的晚餐时聚到了一起。

㉓The **light** wines of Bordeaux began to be familiar to almost every table.

几乎所有的餐桌上都有波尔多低度葡萄酒。

㉔Rice and sago and such like puddings are not **light** or easily digestible foods.

米饭、西米和布丁类的食物都不是清淡、易消化的。

(8)of a syllable:unemphatic,of little weight or sonorousness 音节非重读的;非强调的

该义项常用于形容非重读的、响度不大的音节,称为"light syllable 非重读音节"。语音学上的"重音"指的是相邻的音节中某个音节的发音比较突出,被赋予了相对较高的音强,那么"light syllable 非重读音节"就是那些相对来说没有较高音强的音节,因此可以说人们在发轻音节时要比发重音省力得多。其中蕴含了"力度不大为轻"的隐喻。如:

㉕The greater part of the poem is in a **lighter** rhythm.

这首诗大部分节奏都比较轻。

(9)of small importance or consequence 程度不深的;微不足道的

该义项常用于形容某件事不重要或者后果不严重。如例㉖和例㉗中的"a light shivering 轻颤"和"a light sin 轻罪",其语义中蕴含了"程度浅为轻"的隐喻。

㉖The disease began with a **light** shivering.

这种病发时会有轻微的颤抖。

㉗It was what the world calls a venial or **light** sin.

这就是所谓的轻罪。

后来也常见于短语"make light of"中,表示"to treat,consider or represent as of small or no importance 不当回事,轻视",态度上不认真、不重视,这就有了"态度不认真为轻"的隐喻。如:

㉘They will be held in **light** esteem by other nations.

其他国家将不会尊重他们。

㉙The Natives make **light** of such things as we call Colds.

当地人根本就不把我们称为感冒的小毛病当回事。

(10)easy to bear or endure 容易忍受的

该义项常用于形容生活中的某种磨难没那么让人难以接受,程度不足以让人承受不了。其中蕴含着"程度浅为轻"的隐喻。如:

㉚All that we had endured was **light** compared to the discomfort on board.

和在船上的不舒适相比,我们现在所承受的这些更容易忍受。

㉛The afflictions of this present life will seem **light**.

当前生活的痛苦磨难似乎更容易承受。

(11)easy to perform or accomplish 不费力的;容易完成的

该义项常用于形容工作或任务容易完成,无须费力。其中蕴含着"不费力为轻"的隐喻。如:

㉜The service will be **light** and easy.

这项服务轻松且容易。

㉝To keep down the English people was no **light** task even for that army.

即使是对那支军队来讲,镇压英格兰人民也不是件容易的事情。

㉞Many had shifted to **lighter** tasks, such as delivery rounds, mending bikes…

许多人已经转向更为轻松的任务,诸如投送快递、修自行车……

㉟He had been moved to **lighter** work three years earlier.

早在三年前他就被调去(做)更为轻松的工作。

（12）requiring little mental effort；amusing，entertaining 轻松的；娱乐性的；消遣的

该义项常用于形容文学作品、戏剧作品、音乐等不需要耗神，能让人得到放松。其中蕴含着"使人愉悦为轻"的隐喻。如：

㊱Miss Blanche is，perhaps，the cleverest little lady on the burlesque and **light** comedy stage.

布兰奇，或许是滑稽戏和轻喜剧舞台上最聪明的女喜剧演员。

㊲**Light** reading does not do when the heart is really heavy.

心情不好的时候，消遣读物也不管用。

㊳He appears to enjoy **light** reading.

他似乎很享受轻阅读。

㊴Quite a lot of people listened to **light** music on Radio Luxembourg.

很多人听卢森堡电台的轻音乐。

（13）not oppressive to the bodily sense；easily shaken off 浅眠的；易醒的

该义项常用于形容人的浅眠状态，容易被惊醒，如例㊵和例㊶中的"light sleeper 浅眠的人"和"light sleep 浅眠"，其语义中蕴含着"程度浅为轻"的隐喻。如：

㊵I am a **light** sleeper；and it's better to be up than lying awake.

我睡觉浅，醒来就起床，不会在床上一直躺着。

㊶Corbett fell into a **light** sleep and was awakened by Ranulf with the news that...

科比特刚进入浅眠状态，就被拉努夫带来的消息惊醒……

（14）free from the weight of care or sorrw；cheerful，merry 无忧无虑的；愉快的；快活的

该义项常用于形容的人的心情愉悦，没有烦恼，其中蕴含着"心情愉悦为轻"的隐喻。如：

㊷Now my heart is **light** again，and I could laugh like children at a pantomime.

我现在又变得轻松了，可以像孩子看木偶剧一样放声大笑。

㊸He broke into a **light** laugh.

他突然笑了起来。

㊹He sat down to his dinner with a **light** heart.

他心情愉快地坐下来享受自己的晚餐。

(15) of persons(chiefly of women) and their behavior：wanton,unchaste(尤指女性)言行轻佻

该义项最初产生的时候,用作修饰语,指人的轻佻行为、轻浮态度、欠考虑的言行等,如"light behavior 轻浮行为""light expression 轻浮的表情""light talk 轻浮言论"等。随着英语的发展,这些搭配渐渐消失,只留下了"light woman 轻浮的女性",其中蕴含着"言行不稳重为轻"的隐喻。如：

㊺Jude…found the room full of …soldiers…and **light** women.

朱迪……发现房间里都是……士兵……和一些轻浮的女性。

㊻To give up her honor to save her jointure;and seem to be a **light** woman…

不要名誉也要她丈夫留下来的遗产;似乎是个轻浮的女人……

(三)light 的语义网络

笔者根据上文的语义分析,绘制了 light 的语义网络图,如图 5-4 所示。

图 5-4 可见,以 light 的原型意义"重量小"为中心,辐射出了 15 个衍生义项。原型义项和衍生义项之间呈现出辐射引申的方式,从具体的概念引申到抽象的概念,正是隐喻机制的作用推动了 light 的语义引申,而意象图式模式和命题模式则一起构成了 light 的词汇概念基础。作为形容词,light 涉及的意象图式模式为:重量小。其相关的命题模式为:轻是人对重量的一种主观感觉;感觉轻令人愉悦;轻是重量或力度减弱的一种状态;轻是事物负载少的一种状态。前两种命题模式与人相关,后两种命题模式与客观世界的事物相关。

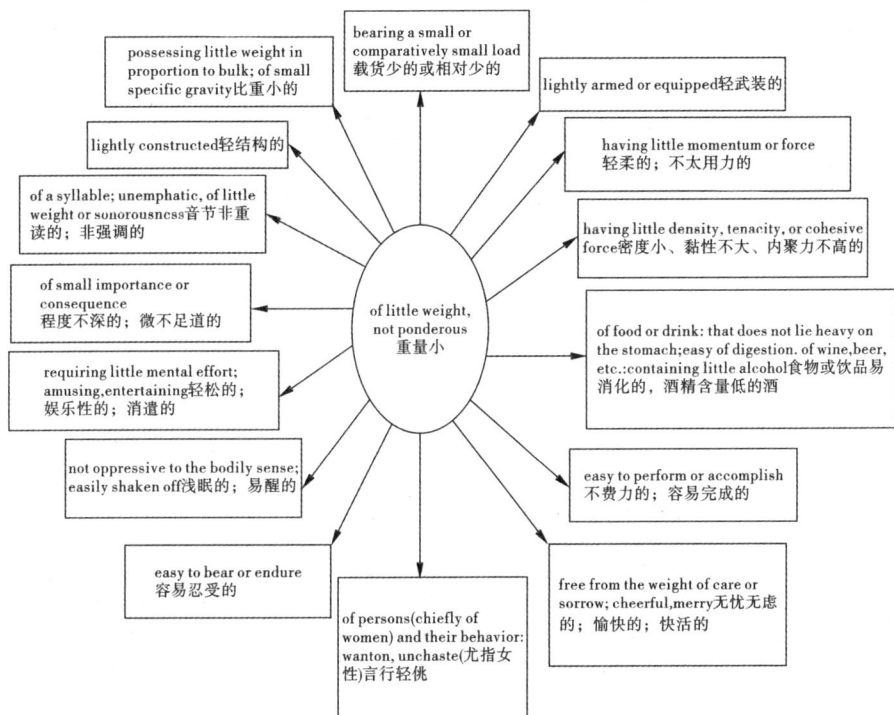

图 5-4　light 的语义网络

二、heavy 的认知语义

OED 中收录了两个形容词 heavy，heavy₁ 的语义与重量相关，heavy₂ 读作[ˈhiːvɪ]，用来指患肺气肿的马，与触压觉没有任何关联。因此，下文所讲的 heavy 的语义均为 OED 中 heavy₁ 的语义。

（一）语料库中的"heavy+名词"搭配

利用 Sketch Engine 在 BNC 中查询到了 243 个"heavy+名词"的搭配，分成两组，如表 5-6 所示。一组搭配与 heavy 的原型意义相关，另一组搭配与 heavy 的衍生意义相关。

表 5-6　BNC 中的"heavy+名词"搭配

语义类型	"heavy+名词"的搭配
原型意义	heavy armour, heavy artillery, heavy atom, heavy bag, heavy basket, heavy bike, heavy bit, heavy body, heavy bone, heavy breast, heavy cargo, heavy chain, heavy crude, heavy element, heavy equipment, heavy goods, heavy horse, heavy instrument, heavy item, heavy latch, heavy lead, heavy liquid, heavy load, heavy material, heavy metal, heavy mineral, heavy object, heavy oil, heavy paperweight, heavy plier, heavy rock, heavy stone, heavy stubble, heavy stuff, heavy suitcase, heavy table, heavy tackle, heavy timber, heavy water, heavy weight
衍生意义	heavy accent, heavy affair, heavy air, heavy areas, heavy arms, heavy attack, heavy award, heavy bias, heavy beat, heavy bleeding, heavy block, heavy blow, heavy bombardment, heavy bomber, heavy boot, heavy borrowing, heavy bourdons, heavy breathing, heavy brow, heavy burden, heavy car, heavy case, heavy casualties, heavy chair, heavy cloak, heavy coat, heavy challenge, heavy clay, heavy cloud, heavy cold, heavy commitment, heavy competition, heavy concentration, heavy concord, heavy conversation, heavy cost, heavy cough, heavy criticism, heavy crop, heavy curtain, heavy damage, heavy day, heavy debt, heavy defeat, heavy density, heavy demand, heavy dependence, heavy digestion, heavy dining-table, heavy door, heavy discussion, heavy dose, hevy drinker, heavy drinking, heavy duty, heavy emphasis, heavy engineering, heavy expenditure, heavy explosion, heavy exposure, heavy eyelids, heavy eyes, heavy fall, heavy feeder, heavy feeling, heavy fighting, heavy figure, heavy fine, heavy fire, heavy fishing, heavy flow, heavy fold, heavy footstep, heavy form, heavy frost, heavy furniture, heavy gate, heavy glass, heavy glove, heavy groan, heavy ground, heavy guilloche, heavy gun, heavy hair, heavy hand, heavy head, heavy heart, heavy heat, heavy hint, heavy housework, heavy industry, heavy infection, heavy infestation, heavy investment, heavy investor, heavy irony, heavy jowl, heavy landing, heavy layer, heavy lids, heavy lifting, heavy line, heavy lorries, heavy loss, heavy lunch, heavy machinery, heavy make-up, heavy man, heavy mane, heavy meal, heavy mist, heavy mob, heavy mortgage, heavy motorbike, heavy music, heavy newspaper, heavy night, heavy outlay, heavy overcoat, heavy paper, heavy penalty, heavy period, heavy pipe, heavy plants, heavy police, heavy pollution, heavy pressure, heavy presumption, heavy price, heavy programme, heavy punishment, heavy raid, heavy rain, heavy rainfall, heavy rainstorm, heavy reinforcement, heavy reliance, heavy republics, heavy responsibility, heavy rhythm, heavy role, heavy rope, heavy shoe, heavy runner, heavy sarcasm, heavy saver, heavy share, heavy scent, heavy sea, heavy selling, heavy sentence, heavy shadow, heavy shoot, heavy shoulder, heavy shower, heavy sigh, heavy silence, heavy sleep, heavy sleeper, heavy smell, heavy smog, heavy smoker, heavy smoking, heavy snow, heavy snowfall, heavy soil, heavy spectacle, heavy spring, heavy storm, heavy stress, heavy subsidy, heavy surf, heavy sweater, heavy swell, heavy sword, heavy tax, heavy taxation, heavy tears, heavy thing, heavy throb, heavy thud, heavy thunderstorm, heavy toll, heavy trace, heavy trading, heavy traffic, heavy tread, heavy truck, heavy type, heavy unemployment, heavy use, heavy user, heavy vehicle, heavy voice, heavy volume, heavy wave, heavy weapon, heavy weaponry, heavy weather, heavy wheel, heavy wind, heavy work, heavy workload

从涉及的 heavy 的义项来看,语料库中检索到的搭配中 heavy 的语义比 OED 中所列义项要少 3 项,原因是进行这 3 个义项解时,heavy 只能做补语,不能做修饰语。

(二)heavy 的语义分析

OED 中列出了触压觉形容词 heavy 的 29 个义项,分为 8 类。下文仅讨论了现代英语中常用的 20 个义项。

1. 原型意义

OED 中列出的 heavy 的第一个义项为"of great weight;weighty,ponderous 重的;沉重的",和 light 为反义词。该义项为 heavy 出现最早的意义,又与压觉相关,可以视为 heavy 的原型意义。

①1 atom of oxygen will be eight times **heavier** than 1 atom of hydrogen.

一个氧原子要比一个氢原子重八倍。

②She was struggling with a **heavy** suitcase.

她正费力地拎着一只沉重的手提箱。

③He tried to push the **heavy** door open.

他试图推开那扇沉重的门。

④Her father carried a **heavy** burden of responsibility.

她父亲肩负着重大责任。

⑤For the first time in history a chemical element has been divided into two completely different parts. A new **heavy** hydrogen has been separated from the old.

历史上第一把一个化学元素分为截然不同的两种。一种新的"重氢"原子区别于原先的氢原子。

2. 衍生意义

(1)posseing great weight in proportion to bulk;of great specific gravity 比重大

该义项是从 heavy 的原型意义引申出来的,表示元素的比重大,如 "heavy metal 重金属""heavy water 重水"等。

⑥The metals fall naturally into two groups: the light metals with densities below four, and the **heavy** metals with densities above seven.

金属分为两种：密度小于 4 的轻金属和密度大于 7 的重金属。

⑦**Heavy** water or deuterium oxide is now manufactured commercially and is an article of commerce.

重水或氧化氘，现在已经商业化生产，属于商品。

"heavy water 重水"是密度比"light water 轻水"大的一种水，用于核反应堆。比重也称为相对密度，比重大也就意味着相对密度大，因此可以说从原型意义"重量大"到"比重大"的引申过程中蕴含着"密度大为重"的隐喻。

该义项还有个子义项，用于表示面包、糕点等因没有充分发酵而不蓬松，口感不松软而是干硬。没有充分发酵的面包（heavy bread）内部结构不够蓬松，因而密度大，单位体积重量比充分发酵的"light bread"要大得多。其语义中蕴含着"密度大为重"的隐喻。

⑧The pastry is **heavy**.

糕点很硬。

⑨Kneading…is…indispensable, or the dough would be in lumps and the bread **heavy**.

揉面……是必不可少的，否则面团会结成块，面包也会发硬。

⑩Not raised by leaven or fermentation; not light; clammy; as **heavy** bread.

没有经过发酵膨胀，不蓬松，黏糊糊的，就是没有发酵好的面包。

（2）great with young; gravid, pregrant 怀孕的

该义项为比喻用法，用于形容怀孕的动物。雌性动物在繁衍后代时，体重一定会超出它平常的平均水平，因此可以说该语义引申中蕴含着"超出平均水平（的重量）为重"的隐喻，如：

⑪Two of them were **heavy** in calf.

其中两头怀了小牛。

（3）more than a defined or usual weight 超出平均重量的

该义项通常用于形容商品、产品、动物等超出了平均重量，如"heavy coat

厚外套""heavy curtains 厚窗帘""heavy-duty carpet 耐磨的地毯""heavy horse 重型马"等。重型马,由于体形大,体重大,力气也很大,负重能力很好,但是不能轻快奔跑,因此不适合作为冲锋军马,只能当挽马,用于农耕和货运,比如英国传统的良种马——夏尔马。

⑫They have a race of **heavy** horses.

他们有一群重型马。

⑬Fireproof materials can be substituted for practically every form of **heavy** duty cloth.

几乎任意形态的厚布都可以被防火材料替代。

⑭...and was crowded with people in **heavy** coats and fur hats who changed their mind.

······挤满了穿着厚外套、戴着皮帽的人,他们都改变了主意。

⑮The traffic noise in Whitehall was muted by the **heavy** curtains, despite the open window.

尽管开着窗户,白宫里的厚窗帘还是消除了外来的交通噪声。

⑯I was dressed in a **heavy** winter coat and still wore my gloves.

我穿着厚厚的冬装,还戴着手套。

不管是商品还是工业产品,或者是动物,只要其重量超过平均水平,都可以用 heavy 做修饰语,其中蕴含着"超过平均重量为重"的隐喻。

该义项还可以用于生产、装载这些超出平均重量的商品的产业,如 "heavy industry 重工业"。

(4)applied to ordnance of the larger kind 重型或大型的(军械)

该义项常用于军事领域,形容重型的或大型的军械,如"heavy metal 重型枪械""heavy bomb 重磅炸弹"。重型或大型军械有一个共性就是杀伤力比较大,但是携带不方便,需要多人协作,一般在大规模的战役中使用,其中蕴含着"杀伤力强为重"的隐喻。

⑰**Heavy** metal, in military affairs, signifies large guns, carrying balls of a large size, or it applied to large balls themselves.

在军事领域,heavy metal 用来指适用大型子弹的大型枪械,或者仅指大型子弹。

"heavy metal"在军事领域用来指大型的枪械或子弹,其杀伤力强大,通过隐喻可以指人的能力或影响力,常用于口语中,这里隐含了"能力强为重"的隐喻。

⑱He is a man of **heavy** metal.

他非常有能力。

⑲We had to do with **heavy** metal.

我们遇上强劲对手了。

(5)carrying heavy arms or equipment;heavily armed or equipped 携带重装备的;全副武装

该义项常用于军事领域,用于形容携带重型装备的士兵或者重型轰炸机。其中蕴含着"负载多为重"的隐喻。如:

⑳The **heavy** cavalry in general carry carabines,pistols,and swords;and the light cavalry very small carabines,pistols,and sabres.

一般来说,重骑兵随身携带卡宾枪、手枪和剑;而轻骑兵则携带小型的卡宾枪、手枪和军刀。

㉑Described as modern **heavy** bombers,these planes of the Red Air Force are certainly larger than any standard bomer in the British Air Force.

苏联红军的这些飞机称为现代的重型轰炸机,比英国空军的任何一架标准轰炸机都要大。

㉒A succession of **heavy** trucks rumbled down Amwell Street...

一连串的重型卡车从 Amwell 大街上隆隆驶过……

(6)having great momentum;striking or falling with force or violence 沉重的;猛烈的

该义项用于形容击打力度大或落下时重力大,其中蕴含着"力度大为重"的隐喻。如:

㉓A **heavy** thunderstorm came on.

猛烈的雷雨来了。

㉔The enemy opened a very **heavy** fire on the Royal Soverign.

敌人向王室猛烈开火。

㉕They heard his **heavy** footsteps descending the stairs.

他们听到他迈着沉重的脚步从楼梯上下来了。

㉖The murder was also a **heavy** blow for American interests in the Middle East.

这起谋杀案对美国在中东的利益是个沉重的打击。

另外,"heavy metal"除了前文中的两种释义,还有"重金属音乐"之义,其得名就是因为其是一种速度快、节奏强烈、响亮有力的音乐形式,借由电吉他、电贝斯和电子鼓等来表现,这种音乐具有重力感、冷酷和刚硬气息,能刺激人的神经系统,形成压力感、释放感,似乎可以把人身上的压力宣泄出来。如:

㉗People have different ways of enjoying **heavy** metal. ①

人们有不同的方式来享受重金属音乐。

(7)of ground,a road,etc.：that clings or hangs heavily to the spade,feet, wheels,etc.,and thus impedes motion or manipulation；soft and tenacious(道路)泥泞的

该义项用于形容地面泥泞难挖,或者道路泥泞而令人难走或车辆难以行驶。其中蕴含着"道路难以通过为重"的隐喻。如:

㉘The ground was so **heavy** from recent rains.

地面因最近下雨而泥泞难走。

㉙Scarcely any of the mail-coaches arrived in London before half-past 8 o' clock,owing to the **heavy** state of the roads.

由于道路泥泞,很少有邮车能够在8点半之前到伦敦。

(8)that weighs upon the stomach；difficult of digestion 难以消化的

该义项用于形容食物难以消化,增加胃部负担。其中蕴含着"食物不容易消化为重"的隐喻。

---

①　例㉗来自 Cambridge English Corpus(剑桥英语语料库)。

㉚Bacon is a coarse and **heavy** food.

培根是一种粗制的、不好消化的事物。

㉛The flesh of the males is more strong, dry, and **heavy** of digestion.

雄性的肉要更紧实、更柴,难以消化。

㉜A **heavy** meal is far more likely to make you want to sleep.

一顿大餐更有可能让你想睡觉。

(9) grave, severe, deep, profound, intense(程度)强烈的;严重的

该义项用于形容程度比一般严重,如"heavy frost 严重霜冻""heavy fine 高额罚款""heavy irony 强烈讽刺"等。其中蕴含着"程度深为重"的隐喻,也含有贬义的语义色彩。如:

㉝In the sixteenth century we meet with **heavy** complaints respecting the disuse of the long-bow.

16 世纪,我们遭遇对废弃长弓的强烈埋怨。

㉞There was **heavy** fighting in the capital last night.

昨晚首都发生了激烈战斗。

㉟The penalty for speeding can be a **heavy** fine.

超速驾驶可能会被处以高额罚款。

㊱She spoke with **heavy** irony.

她的话充满了强烈的讽刺。

㊲They started shouting at me. It got very **heavy**.

他们开始对我大喊大叫。情势变得很激烈。

㊳It was so cold in the morning! There was such a **heavy** frost!

早上真叫一个冷啊! 这么严重的霜冻!

㊴…the law, and it assists the deterrent effect of **heavy** sentences in criminal cases.

……法律,它支持刑事案件中重判的威慑效果。

该义项还可以用于形容做某件事过量的,过度的,超出平均水平的,如"a heavy drinker/smoker 酒瘾/烟瘾大的人",其中就蕴含着"超出平均水平为重"的隐喻。如:

㊵I have been a **heavy** drinker.

我一直酒瘾大。

(10)of the sky,clouds,etc: overcast with dark clouds;lowering,gloomy(天空)阴沉沉的;闷热的

该义项用于形容乌云密布、阴沉沉的闷热天气。阴天时,空气中水汽含量增加,空气密度变小,大气压强变低,单位体积空气中氧气浓度就变小,人体能够吸入的氧气量也变少,所以阴沉沉的闷热天气通常会使人感觉不舒服。其中蕴含着"天气闷热为重"的隐喻。

㊶It's **heavy**—I think there'll be a storm.

这天阴沉沉的,我觉得暴风雨要来了。

㊷…on occasion,he experienced pretty **heavy** weather in trying to make distinctions between…

有时候,当他试图区分……的时候会经历极为闷热的天气。

闷热天气会让人感觉不舒服,这种生理影响还能够引起心理上的变化,有些人会产生心理上的压抑情绪。因此 heavy 还可以用于短语"make heavy weather of"中,表示夸大做某件事的难度,小题大做。如:

㊸He makes rather **heavy** weather of the difference.

他把这差异给夸大了。

(11)having comparatively much thickness or substance;thick,coarse;also, massive in conformation or outline;wanting in gracefulness,lightness,elegance,or delicacy 大而结实的;不精致的

该义项用于形容人或事物外观不够精致,显得结实,如"heavy furniture 笨重的家具"等。其中蕴含着"外观不精致为重"的隐喻。如:

㊹To keep your floors in order eliminate **heavy** furniture and thick carpets.

为了保持地面整洁,不要使用笨重的家具和厚厚的地毯。

㊺He was tall and strong,with **heavy** features.

他长得高大壮实,浓眉大眼。

㊻His handwriting is **heavy** and clumsy.

他的字写得歪歪斜斜,不规范。

（12）having a sound like that made by a weighty object；loud and deep 响而深沉的

该义项用于形容像重物落地所发出的声音一样响而深沉，如"a heavy groan 深沉的叹息"等。其中蕴含着"响度大为重"的隐喻。

㊼She dropped her head into her hands with a **heavy** groan.

她用手抱着头，深深地叹了口气。

（13）of persons，their qualities，etc.：ponderous and slow in intellectual processes；wanting in facility，vivaicy，or lightness 迟钝的；笨拙的；呆板的

该义项用于形容人笨拙，反应迟钝，其中蕴含着"反应迟缓为重"的隐喻。如：

㊽If there is anything worse…it is a **heavy** man when he fancies he is being facetious.

若说有什么糟心事的话……就是一个明明很呆板的人，偏偏认为自己很幽默。

（14）acting or moving slowly，clumsily，or with difficulty；wanting in briskness or alacrity；slow，sluggish；unwieldy 行动迟缓的；费力的

该义项用于形容行动迟缓，其中隐含着"反应迟缓为重"的隐喻。如：

㊾The Ford Taunus foot brake was not too **heavy** at 30 mph but needed a great deal of pressure for gentle stops at 60 mph.

当时速为 30 英里时，福特 Taunus 的脚刹反应不算太迟缓，但是当时速为 60 英里时，就需要用力踩才能使它放缓。

（15）of things，esp. artistic or literary productions：wanting in vivacity；dull；ponderous；tedious，uninteresting 枯燥的；艰涩难懂的

该义项用于形容事物、书报、杂志、节目等枯燥沉闷乏味或艰涩难懂。其中蕴含着"枯燥乏味为重"的隐喻。如：

㊿We found the play very **heavy**.

我们觉得这部戏很艰涩。

51The discussion got a little **heavy**.

讨论变得有点严肃。

(52)You know he doesn't go in for a lot of **heavy** discussion about things.

你知道的,很多严肃的讨论他都不参加的。

(53)The longer poems…of the first half of the fourteenth century are dull and **heavy**.

14 世纪前半期,诗歌越长越枯燥晦涩。

(16) hard to bear, endure, or withstand; oppressive, grievous, sore; distressful 难以忍受的;令人悲伤/痛苦的

该义项用于形容因难以忍受而对人苛刻,或者用于形容人心情压抑,情绪悲伤。其中蕴含着"心情压抑为重"的隐喻。如:

(54)This was a **heavy** piece of news to my nephew.

对我侄子来说,这是个令人悲伤的消息。

(55)She left her children behind with a **heavy** heart.

她十分难过地丢下了她的孩子们。

(56)Don't be so **heavy** on her—it wasn't her fault.

别对她这么苛刻,这不是她的过错。

(57)For this most gentle maiden's death, right **heavy** am I.

这个最温柔的少女去世了,我心情很沉重。

(17) hard to perform or accomplish; requiring much exertion; labiour, toilsome 难以完成的;费力的

该义项用于形容工作或任务不易完成,需要付出极大努力,或者形容某个人不好相处,很难缠,如"heavy digging/lifting 费力的挖掘/提举""heavy going 难以打交道,难以处理"等。其中隐含着"费力为重"的隐喻。

(58)The work, he said, was **heavy**; but it must be done.

他说,这项工作很费力,但是必须完成。

(59)The day had been a **heavy** one.

这一天很辛苦。

(60)I found the course rather **heavy** going.

我觉得这门课相当难。

㊛She's a bit **heavy** going.

她有点难缠。

㊌For him were the **heavy** tasks.

对他来说就是难以完成的任务。

（18）oppressive to the bodily sense；overpowering（气味）浓烈的；馥郁的

该义项用于形容事物气味过于浓郁，引起人的不悦，如"heavy scent 浓郁的香味""heavy smell 浓重的气味"等。其中蕴含着"气味浓烈为重"的隐喻，这是从触觉域到嗅觉域的通感隐喻。

㊍The poppy has a **heavy** smell.

罂粟花香气浓郁。

㊎Miranda sniffed the **heavy** scent of the lilies.

米兰达闻到了百合花的浓香。

（19）weighed down by sleep, weariness, or some physical depression or incapacity；hence, esp. weary from sleep, sleepy, drowsy（身体上）疲倦的

该义项常用于形容由于睡眠不足、睡眠过多或厌倦等引起的身体疲倦，睡眠不足的时候，人会感到眼皮沉重，思考能力下降，整体感觉疲倦，而睡过头也同样会让人感到疲倦。如果睡眠时间过长，睡得越多反而越累，起床后会觉得大脑昏昏沉沉，甚至会头痛，这种感觉跟宿醉后的反应相似，也有人称为"睡醉"。不管是哪种情况引起的身体不适，人的感觉就只有累和疲倦，只想休息以解乏。其中蕴含着"疲倦为重"的隐喻。

㊏I thought I had overslept myself—I am so **heavy**.

我想我是睡过头了，我实在是太疲倦了。

㊐Opening **heavy** lids, she found that he was staring at her…

睁开困倦的眼，她发现他正盯着她……

㊑Her **heavy** eyes refused to stay open.

她困得睁不开眼。

（三）heavy 的语义网络

上文分析了 heavy 的原型意义、衍生意义和语义引申中所蕴含的隐喻模

式,在此基础上,笔者绘制了 heavy 的语义网络图,如图 5-5 所示。图中可见,以原型意义"重量大"为中心,辐射出了 19 个衍生意义,原型意义和衍生意义呈现出辐射型的引申方式,从具体的概念引申到抽象的概念。

heavy 的语义引申过程中蕴含着 17 种隐喻,可见隐喻是其语义引申的重要认知动因。而意象图式模式和命题模式则共同构成 heavy 的词汇概念基础。作为压觉形容词,heavy 的语义涉及的意象图式模式为:重量大。命题模式为:重是人对重量的一种主观感觉;感觉重令人不快;重是重量、力度或程度增加的一种状态;重是事物负载量大的一种状态。前两种命题模式与人相关,后两种命题模式与客观世界的事物相关。

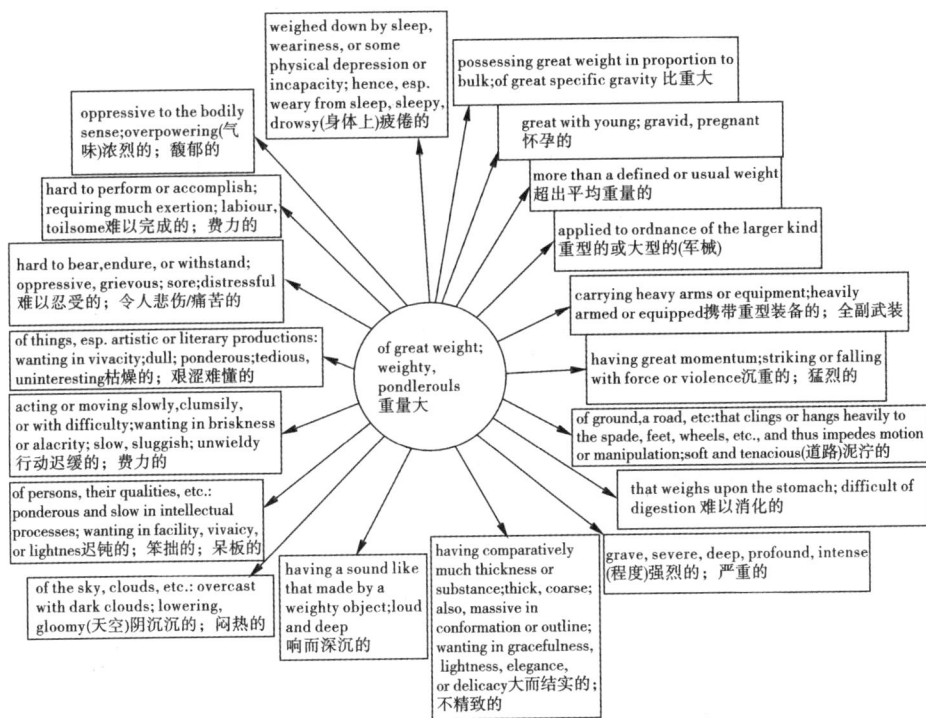

图 5-5　heavy 的语义网络

第三节　对比分析

"轻"类词和"重"类词,light 和 heavy,分别是汉语和英语中意义对立的两组压觉形容词。从使用频率来看,汉语中"重"的使用频率要比"轻"高,而在英语中刚好相反,light 的使用频率更高一些。下文将从原型意义、衍生意义和认知模式三方面对"轻"类词和 light、"重"类词和 heavy 的语义进行详细对比。

一、"轻"类词和 light 的认知语义对比

(一)基本相同的原型意义

通过上文的分析,我们知道"轻"类词在产生之初并不是形容词,而是名词,意为"轻车",该义可以说是其原型意义。但是随着社会的发展和人类认知的发展,"轻车"的含义在现代汉语中已经消失不见,因此为了对比的方便,笔者在分析中把"重量小"作为现代汉语中"轻"类词的原型意义。"轻"类词自身的原型意义会发生变化,再一次验证了词汇的原型意义并不是一成不变的,而是会随着社会发展和人类认知的发展而发生变化。

作为压觉形容词的 light,原型意义也是"of little weight, not ponderous 重量小",构成其词汇概念基础的意象图式模式为"重量小"。所以,我们可以说"轻"类词和 light 的原型意义基本相同,都是人通过压觉对自身或外界事物重量的一种基本体验,具有主观性,哪怕是对同一对象,不同的主体的压觉体验也会有所不同。这也说明压觉形容词"轻"类词和 light 的语义均能够体现人类认知的体验性和人类中心性原则,对压觉的认知以人类的压觉体验为基础,根植在人类体验的基础上,压觉形容词可以引申用于描述与人类相关的抽象体验,形成衍生意义。

(二)有同有异的衍生意义

表5-7 和表5-8 详细列出了"轻"类词和 light 的衍生意义,从中可以清晰地看出共性和差异并存。二者的语义中既存在相似之处,也存在各自独有的特点。

表5-7　汉语"轻"类词和英语 light 的衍生意义共性

汉语"轻"类词		英语 light	
义项	例词/例句	义项	例词/例句
比重小	轻金属,轻水,轻合金	比重小的	light water 轻水; light metal 轻金属
负载小;装备简单	轻舟,轻轨,轻骑,轻装	载货少的或相对少的,轻武装的	light truck 轻卡; light cavalry 轻型装甲兵; light marching 轻便行军
用力不猛;不费力	轻风,轻音慢语	轻柔的;不太用力的	light touch 轻抚;light step 脚步轻
	轻重音	非重读的;非强调的	a light syllable 非重读音节
不重要	人微言轻,轻重		make light of 轻视
数量少;程度浅	症状轻,轻灾,年纪轻	程度不深的;微不足道的	a light sin 轻罪; a light shivering 轻微的颤抖
	睡眠轻	浅眠的;易醒的	a light sleeper 睡眠浅的人
简单容易;不感到劳累或有负担	轻活儿	不费力的;容易完成的	a light task 轻松的任务
	轻音乐,轻歌剧	轻松的;娱乐性的;消遣的	lightreadings 轻阅读;light music 轻音乐
不严肃;不庄重	轻狂,轻佻,轻浮	(尤指女性)言行轻佻	light woman 轻浮的女性

仅从衍生义项数量上来看的话,light 的衍生义项要比"轻"的衍生义项多。

我们仔细观察表5-7,就能发现"轻"类词和 light 有些衍生义项是完全相同的,如义项"比重小",义项"不严肃,不庄重"则跟 light 的义项"言行轻佻"相对应。这些义项所使用的场合是完全相同的,只是从英文翻译成中文时,所选择的词汇不相同。

除了那些完全对应的义项之外,我们还发现:汉语中的一个义项在英语中是用两个义项来分开表示的,如"轻"类词的义项"负载小;装备简单"在实际使用中和light的两个义项对应:"载货少的或相对少的"和"轻武装的"。虽然义项数量不同,但是这些义项的使用环境相同,因此,我们也可以说这些义项是对等的。再如"轻"类词的义项"简单容易;不感到劳累或有负担"在使用上相当于light的两个义项:"不费力的;容易完成的"和"轻松的;娱乐性的;消遣的"。

作为分属两种不同语言的词汇,它们自然也有不同之处,各自具有一些独有的义项,如表5-8所示。表中"轻"类词的义项"随便草率;不慎重"可以用来形容做事或做决定没有经过慎重考虑,而light则没有这种用法;再如light可以构成搭配"a light heart",形容人"无忧无虑的;愉快的;快活的",而"轻"类词就没有这种用法;light可以用来形容酒精度数低或食物易消化,而汉语的"轻"类词也没有这种用法。

表5-8　汉语"轻"类词和英语light的衍生意义差异

汉语"轻"类词		英语 light	
义项	例词/例句	义项	例词/例句
重量小(没有单独的"轻结构"义项,故归入其原型意义"重量小"义项中)	轻型飞机,轻体建筑材料	轻结构的	light car 轻型汽车
随便草率;不慎重	轻信,轻举妄动	—	—
—	—	容易忍受的	The afflictions of this present life will seem light. 当前生活的痛苦磨难似乎更容易承受。
—	—	无忧无虑的;愉快的;快活的	a light heart 轻松愉快的心情
—	—	食物或饮品易消化的;酒精含量低的酒	light lunch 清淡的午餐
—	—	密度小;黏性不大;内聚力不高	light soil 轻质土壤;light cloud 淡淡的云

（三）有同有异的认知模式

从前文的分析可见，隐喻在"轻"类词和 light 的语义引申中有着至关重要的作用，是二者语义引申的重要认知动因。表 5-9 和表 5-10 为"轻"类词和 light 的理想认知模式的共性和差异，具体包括意象图式模式、命题模式和隐喻模式。仔细观察，可发现作为"轻"类词和 light 词汇概念基础的意象图式模式是相同的；命题模式基本上相同，即英语 light 给人的感觉通常是愉悦的，汉语也一样，只是偶尔会令人不愉快，如因轻信别人、轻率下结论而吃亏时。隐喻模式则有同有异。"轻"类词和 light 除了表中可见的完全一致的隐喻之外，还各自具有自己特有的隐喻，如"不谨慎为轻""数量少为轻"是汉语的"轻"类词所独有的隐喻，而"食物易消化为轻""心情愉悦为轻"则是英语的 light 所独有的隐喻。二者在词义引申中所涉及的隐喻不同的主要原因在于它们具有一些各自独有的衍生意义。

表 5-9　汉语"轻"类词和英语 light 的认知模式共性

认知模式	汉语"轻"类词	英语 light
意象图式模式	重量小	重量小
命题模式	轻是人对重量的一种主观感觉； 感觉轻是愉悦的，偶尔会令人不愉快； 轻是重量或力度减少的一种状态； 轻是事物负载少的一种状态	轻是人对重量的一种主观感觉； 感觉轻令人愉悦； 轻是重量或力度减少的一种状态； 轻是事物负载少的一种状态
隐喻模式	快就是轻	快就是轻
	负载少为轻	负载少为轻
	程度浅为轻	程度浅为轻
	不费力为轻	不费力为轻
	使人愉悦为轻	使人愉悦为轻
	力度小为轻	力度不大为轻，力度小为轻
	言行不稳重为轻	言行不稳重为轻
	态度不认真为轻	态度不认真为轻
	密度小为轻	密度小为轻

二者都可以通过通感隐喻投射到别的感官域,用于描述触觉之外的别的感官印象。具体来讲,二者都可以投射到听觉域,如"轻声""light voice"等。

总的来说,二者语义引申中涉及的认知模式中所存在的共性大于差异。

表5-10 汉语"轻"类词和英语 light 的认知模式差异

认知模式	汉语"轻"类词	英语 light
隐喻模式	数量少为轻	—
	不谨慎为轻	—
	无关紧要为轻	—
	—	食物易消化为轻
	—	心情愉悦为轻

二、"重"类词和 heavy 认知语义对比

(一)相同的原型意义

根据前文分析可见,汉语"重"类词在产生之初原型意义就是"沉重,重量大",现代汉语中其原型意义依然是"重量大"。英语中 heavy 在产生之初原型意义就是"of great weight;weighty,ponderous 重的;沉重的",发展到现代英语阶段,其原型意义并没有发生变化。

因此,我们可以说,"重"类词和 heavy 的原型意义是相同的,都是"重量大",都表示人通过压觉对自身或外界他事物的重量特性的一种基本体验。这种基本体验具有主观性,不同的感知主体的压觉体验会有区别,哪怕是对相同的感知对象,感知主体不同,压觉体验就会产生个体差异。这也证明了压觉形容词"重"类词和 heavy 的语义均能够体现人类认知的体验性和人类中心性原则,对压觉的认知以人类的压觉体验为基础,根植在人类体验的基础上,压觉形容词可以引申用于描述与人类相关的抽象体验,形成衍生意义。

（二）有同有异的衍生意义

表5-11和表5-12详细列出了"重"类词和heavy的衍生意义的共性和差异，从中可以清晰地看到二者的衍生意义所存在的共性和差异。

仅从衍生义项数量上来看的话，heavy的衍生义项数量具有绝对的优势，远远多于"重"类词的衍生义项数量。仔细观察表5-11，我们会发现"重"类词和heavy仅有两个完全相同的衍生义项"比重大"和"程度深"，表中heavy的义项"（程度）强烈的，严重的"和汉语"重"类词的义项"程度深"在语义上基本相同，只是表达上有所不同。

表5-11　汉语"重"类词和英文heavy的衍生意义共性

汉语"重"类词		英语heavy	
义项	例词	义项	例词
比重大	重水，重油，重金属	比重大	heavy water 重水, heavy oil 重油, heavy metal 重金属
程度深	重罪，德高望重	（程度）强烈的，严重的	heavy frost 严重霜冻 heavy irony 强烈讽刺 a heavy smoker 烟瘾大的人

表5-12　汉语"重"类词和英语heavy的衍生意义差异

汉语"重"类词		英语heavy	
义项	例词	义项	例词/例句
重要	重镇，重臣	—	—
言行不轻率	稳重，庄重	—	—
数量多	重金，重赏，重兵	—	—
用力猛	重击，重读，脚步重	—	—

续表 5-12

汉语"重"类词		英语 heavy	
义项	例词	义项	例词/例句
汉语中也有类似用法,如"沉重的脚步声"等,但是从语义上来说归类在衍生意义"程度深"义项之下		响而深沉的	a heavy groan 深沉的叹息
汉语中也有类似用法,如"重武器""重骑兵"等,但是从语义上来说归类在原型意义"重量大"义项之下		重型的或大型的(军械)	heavy bomb 重磅炸弹, heavy metal 重型枪械
		携带重装备的;全副武装	heavy cavalry 重骑兵
—	—	(道路)泥泞的	The ground was so heavy from recent rains. 地面因最近下雨而泥泞难走。
—	—	怀孕的	Two of them were heavy in calf. 其中两头怀了小牛。
—	—	超出平均重量的	heavy coat 厚外套, heavy curtains 厚窗帘, heavy boots 耐磨的靴子
—	—	沉重的;猛烈的	heavy thunderstorm 猛烈的雷雨;a heavy fire 火力猛
—	—	难以消化的	heavy food 不易消化的食物
—	—	(天空)阴沉沉的;闷热的	It's heavy—I think there'll be a storm. 这天阴沉沉的,我觉得暴风雨要来了。
—	—	大而结实的;不精致的	heavyhandwriting 歪歪扭扭的字;heavy furniture 笨重的家具
—	—	迟钝的;笨拙的;呆板的	a heavy man 呆板的人
—	—	行动迟缓的;费力的	The Ford Taunus foot brake was not too heavy at 30mph …福特 Taunus 的脚刹在时速为 30 英里时反应不算太迟缓……

续表 5-12

汉语"重"类词		英语 heavy	
义项	例词	义项	例词/例句
—	—	枯燥的;艰涩难懂的	The discussion got a little heavy. 讨论变得有些严肃。
—	—	难以忍受的;令人悲伤/痛苦的	heavy news 令人悲伤的消息; a heavy heart 心情沉重
—	—	难以完成的;费力的	a heavy task 不易完成的工作; a heavy day 忙碌的一天
—	—	(气味)浓烈的;馥郁的	heavy smell 浓重的气味
—	—	(身体上)疲倦的	I am so heavy. 我实在是太累了。

表5-12中详细列出了"重"类词和heavy衍生意义的差异,从表中可见,heavy有许多不同于汉语"重"类词的衍生意义。汉语"重"和heavy有些用法类似,但是归入不同的义项。如英语heavy的义项"响而深沉的",在汉语中则归入"重"类词的义项"程度深",这样的话,汉语的"程度深"这一义项要比heavy的"响而深沉的"所表达的含义要更广一些,该义项涵盖了heavy的两个义项"响而深沉的""(程度)强烈的,严重的"所表达的含义。

从表5-11和表5-12中可见,"重"类词和heavy的衍生意义中存在的差异要大于共性。总的来说,heavy的表意范围要比"重"类词广,有许多汉语中没有的含义,如"(气味)浓烈的;馥郁的""(身体上)疲倦的""枯燥的;艰涩难懂的"等。

(三)有同有异的认知模型

根据前文分析可知,在"重"类词和heavy的语义引申中的重要认知动因就是隐喻机制。表5-13和表5-14分别列出了"重"类词和heavy的认知模式共性和差异,具体包括意象图式模式、命题模式和隐喻模式。从表5-13中可见,"重"类词和heavy的意象图式模式完全相同;命题模式基本上相同,仅有细微差别,即英语heavy给人的感觉通常是不愉快的,汉语也一样,只是偶尔可以令人感到喜悦,如获得重赏、重奖时人就会感到喜悦。

表 5-13　汉语"重"类词和英语 heavy 语义引申中的认知模式共性

认知模式	汉语"重"类词	英语 heavy
意象图式模式	重量大	重量大
命题模式	重是人对重量的一种主观感觉; 感觉重令人不愉快,偶尔会令人感到喜悦; 重是重量、力度或程度增加的一种状态; 重是事物负载量大的一种状态	重是人对重量的一种主观感觉; 感觉重令人不愉快; 重是重量、力度或程度增加的一种状态; 重是事物负载量大的一种状态
隐喻模式	密度大为重	密度大为重
	程度深为重	程度深为重
	力度大为重	力度大为重

表 5-14　"重"类词和 heavy 语义引申中的认知模式差异

认知模式	汉语"重"类词	英语 heavy
隐喻模式	数量多为重,价高为重	—
	事关紧要为重	—
	言行不轻率为重	—
	认真对待为重	—
	—	超出平均水平(的重量)为重
	—	杀伤力强为重
	—	能力强为重
	—	负载多为重
	—	道路难以通过为重
	—	食物不容易消化为重
	—	天气闷热为重
	—	外观不精致为重
	—	响度大为重
	—	反应迟缓为重
	—	枯燥乏味为重
	—	费力为重
	—	疲倦为重
	—	气味浓烈为重
	—	心情压抑为重

从表 5-13 和表 5-14 来看,"重"类词和 heavy 语义引申中涉及的相同的隐喻模式并不多,只有表 5-13 中可见的三项,即"程度深为重""力度大为重""密度大为重",其余的就是二者语义引申各自所特有的隐喻。但是明显可见,heavy 语义引申中所涉及的隐喻模式比"重"类词语义引申中涉及的隐喻模式要多得多。

从具体的隐喻投射目标域来看,我们发现二者都可以通过通感隐喻来描述触觉之外的别的感官印象,"重"类词可以通过通感隐喻投射到听觉域,如"语重心长";而 heavy 则可以通过通感隐喻投射到听觉域和嗅觉域,如"a heavy groan 沉重的叹息""heavy smell 浓重的气味"。

第四节　汉英触觉形容词认知语义的共性

本节将在前文对汉英压觉形容词认知语义分析的基础上,综合既有的汉英触觉词温觉、接触感和压觉语义场的相关研究,总结汉英触觉形容词认知语义方面存在的一些共性规律。

前文文献回顾部分提及国内不少关于汉英触觉形容词温觉语义场的研究,但多数研究为温觉词引申义的分析或是概念隐喻的分析,很少涉及汉英触觉词语义引申的规律。仅有彭懿(2010)的研究提到了触觉形容词的语义引申规律。该文涵盖了汉英触觉形容词的温觉和接触感两个语义场,研究表明,汉英触觉形容词的温觉和接触感两个语义场的常用形容词"冷/cold,热/cold,软/soft,硬/hard"的语义都具有体验性特征,基于人类中心性原则,其语义引申可以用于描述与人类相关的抽象经验,其语义演变规律主要是沿着从具体到抽象的方向发展。

Shindo(新藤)(2009:176-186)在 OED 词典释义、BNC、乔叟(Chaucer)和莎士比亚作品语料的基础上,对接触感形容词 keen 做了历时研究,发现这个词的语义演变规律并不像别的触觉形容词那样从具体发展到抽象,而是沿着相反的方向发展。在新藤的分析中可以看到,keen 最初的意义相当于"wise",用于形容人的聪慧或智慧;后来才发展出义项"having a sharp edge or point",用于形容工具的锋利;"causing pain or smarting",用于形容被锋利的工具割到的感受;"sharply perceived as of cold, smell, sound, or light"用于形容心理域犹如刀割的感觉;"desire to do something"用于形容做某件事的强烈欲望……从这些义项的产生先后顺序来看,我们可以认为英语接触感形容词keen最初的意义和接触感没有任何关联,它的语义演变规律是沿着从抽象到具体,再从具体到抽象的方向发展的。

汉语中和keen对应的词是"锐"。《说文解字》中有:"锐,芒也。""芒"为植物上的细刺。"锐"后来引申出义项"锋利的""锋利的武器""精明""灵敏"等。从这些义项的产生顺序来看,汉语的"锐"语义演变规律跟其他接触感形容词的语义演变规律类似,都是沿着从具体到抽象的方向发展。

结合前文对汉英触觉范畴压觉语义场形容词语义的分析,我们可以认为汉英触觉范畴温觉、接触感和压觉形容词的语义引申路径主要沿着从具体到抽象的方向发展。

本章小结

本章主要分析了汉英压觉形容词"轻"类词和light、"重"类词和heavy的认知语义,并对其原型意义、衍生意义、所涉及的认知模型进行了对比分析,发现存在的共性和差异,揭示了这两组压觉形容词的语义引申方式和引申规律。

从语义引申的认知动因来看,这两组压觉形容词的语义引申都是隐喻机制作用的结果。

从语义引申的方式和路径来看,这两组压觉形容词的语义引申都呈现辐射型的引申方式,呈现出从具体到抽象的发展演变路径。结合已有的汉英温觉形容词和接触感形容词的研究,我们可以认为,汉英触觉形容词的语义引申主要是沿着从具体到抽象的路径发展演变(个别例外),这也符合人类通过概念隐喻的方式以具体表达抽象世界的认知过程。

第六章 汉英触觉范畴认知语义共性和差异的成因分析

根据语言谱系分类法,汉语属于汉藏语系,英语属于印欧语系,这两种语言分属不同的语系,是两种完全不同的语言;根据语言类型来划分,汉语属于分析型语言,以虚词和语序作为表达语法意义的主要手段,英语则为屈折语,词汇本身有人称、时体态、数和格等复杂的形态变化。

由于分属两个不同的语系,具有完全不相同的形态特征,汉英两种语言的触觉范畴词汇语义既存在差异,也存在许多共同之处。本章笔者将在前文具体语义描写和分析的基础上,分别从语言内部因素和语言外部因素两个方面对汉英触觉范畴词汇语义表现出来的共性和差异的成因进行阐释,其中语言内部因素即语言结构因素,语言外部因素包含语言借贷因素、人类认知因素,以及文化和自然环境因素。

第一节 语言结构因素

语言是文化的载体,也是人类思维认知活动的成果,通过语言可以了解到人类是如何认识外部客观世界的。汉语和英语属于形态特征迥异的两种语言,作为词汇系统的构成部分,触觉词的语义会受到汉语和英语这两种语言结构自身的影响。

汉语悠久的研究传统是以“字”为基础进行文字、音韵、训诂的研究的,说明字是汉语的基本结构单位(徐通锵 2008:11),一个汉字包含一个音节,表达一个意义或概念。古汉语中的词汇多是单音节,但随着汉语的发展,词汇逐渐从单音节变成双音节,甚至多音节词,以至于现代汉语中绝大部分词汇为双音节词,从形式上来看一个双音节词包含两个单字,两个音节,每一个单字都能表达一定的意义;而英语中能够表达一个意义或概念的单词,可以是单音节词,也可以是多音节词,不管是单音节还是多音节,从形式来看都只是一个单词。两种语言不同的音节结构也就制约着词汇系统的语义表现。

汉语词汇中的双音节词,甚至多音节词,在很大程度上使得词汇的数量增加了不少,也因为另外一个词素的加入而使得原有单音节词的语义范围扩大。如汉语的"皮"最早出现的词汇概念是"兽皮",到了汉代,才发展出了"人的皮肤"的含义,英语中也有类似的发展过程,"skin"最初仅仅指"兽皮",到了中古英语时期,才出现了"人的皮肤"的词汇概念。可是由于汉语词汇的双音节化,在其他构词语素参与构词的情况下,出现了"皮毛""皮相""眼皮子""嘴皮子"等双音节词或多音节词,其词汇概念也通过隐喻从身体域引申到了思维认知域,用于表示人的学识/见识或口才等。从前文的对比分析中我们可以发现,汉语的"皮"类词比英语的"skin"的语义范围要广,就是因为汉语词汇的双音节化,而导致其使用范围要更广。英语中并不存在类似汉语词汇双音节化的现象,也就不存在因为这种原因而导致的语义范围扩大的现象。因此,可以说不同的音节结构是导致汉语触觉名词语义范围比英语触觉名词语义范围广的一个重要原因。

当然,汉语词汇音节结构从单音节向双音节甚至多音节发展,不仅有汉语言内部结构发展的原因,也有来自外部的语言接触的因素影响。汉语是典型的分析型语言,缺乏丰富的形态变化,其词汇系统中占据主导地位的构词方式是复合法,由词缀加词根构成的派生词在汉语的词汇系统中为少数派。但是随着汉语和英语的频繁接触,受到简单易行的派生构词法影响,为了表达大量涌现出的新事物和新概念,部分汉语词慢慢地变成了类前缀或类后缀,理性意义虚化,附加意义变得明显,构词功能加强,如"热、星、门、化、反、非、零、主义"等。这些类词缀的出现,使得外来要素成功地融入了汉语词汇系统,并使汉语词汇系统得到了丰富和发展。具体到本书来讲,语言借贷导致了汉语单音节压觉形容词"轻"的类词缀的引入①,而汉语言系统内部对这一外来要素的吸收、使用和推广则使其构词功能增强,用来表达新事物和新概念的"轻+双音节名词"构成的多音节词不断出现,丰富了汉语词

---

① "轻"类词缀化的过程详见本章第二节的分析。

汇。这种由语言借贷引发的汉语类词缀和相应多音节词的出现,正是构成汉语压觉形容词"轻"类词和英语的 light 在语义上相似的一个重要原因。

第二节　语言借贷因素

伴随着对外开放程度的提高,中国与世界上其他国家之间的交流也日趋频繁,信息交流日益方便、快捷,语言接触亦时常发生。语言接触必然会对相关语言的发展产生影响,语言接触一定是双向的,必然有"借入"和"贷出"。随着全球化的进展和东西方文化交流的加深,汉语和英语接触频繁,各自的词汇系统也都吸收了一些外来词,丰富了原有的词汇库。2018 年 2月 17 日,中国外文局所属当代中国与世界研究院第一次发布《中国话语海外认知度调研报告》,报告对 8 个主要英语圈国家进行了问卷调查,统计了300 多个中国话语词条在英语国家主流媒体的网络平台报道量,调查结果显示海外民众对中国话语的认知度、理解度大幅上升。由该调研报告可见,随着中国政治、经济、文化影响力的增强,汉语的影响力也逐渐增强,部分词汇以拼音的形式直接进入英语话语体系。实际上,从汉语"贷出"进入英语的词汇要比外文局用于统计的 300 多个词条要多得多,据胡兴莉(2014)的统计,《牛津英语词典》中收录了 1000 个左右含有中文渊源的词[①]。

从语言的通用程度来看,英语依然是强势语言,使用范围比汉语更广,从英语"贷出"进入汉语的词汇要比"借入"英语的中国话语词条多。在汉英两种语言和文化不断地接触与交流中,汉语和英语通过"借入"和"贷出"都产生了一定的变化,丰富了各自语言的词汇量,外来文化也使语言的表达力得到增强。这种变化的产生机制和成因除了来自语言内部的因素之外,还有来自语言接触的影响。

语言接触一定会产生语言借用,这种语言借用主要表现在词汇上,部分表现在语法上。因为汉语和英语是两种不同形态的语言,所以词汇形态的借用表现虽然不算显著但是也存在。英语属于屈折语,有着丰富的形态变

---

① 胡兴莉.汉语对英语影响研究:语言接触视角[J].南华大学学报(社会科学版),2014(4):108.

化,由词根加上前缀、中缀和后缀等词缀构成派生词的构词法是英语中非常重要的构词法,派生词在英语词汇中占据主导地位;而汉语属于孤立语,形态不丰富,合成词可以分为派生词和复合词,其中占据主导地位的是复合词。随着汉语和英语的频繁接触,汉语中出现了一些特殊的构词成分,介于词和词缀之间,即类词缀,由类词缀和词根构成的派生词构词方法简单,能够用来表达人们生产生活中的新事物,特点比较新颖,因此这种类词缀(如"零、热、主义、化"等)的引进和使用并没有遭到人们的排斥,反而受到使用者的青睐,在某种程度上丰富了汉语的词汇系统。

类词缀不是完全意义上的词缀,具备词缀的某些特征,构词能力较强,但是其意义并没有像词缀那样完全虚化,和词根不仅有位置上的联系,还有意义上的联系。如"追星族""暴走族""月光族"等合成词中的"族"就是意义没有完全虚化的类后缀,"想象力""吸引力""战斗力""执行力""生命力""理解力""免疫力"等合成词中的类后缀"力"也是如此;再如"零添加""零利率""零起步""零投诉""零基础"等合成词中的"零"是意义没有完全虚化的类前缀。

具体到本研究中的触觉范畴词汇,我们能够清晰地看到英语对汉语的影响要大一些,汉语不仅从英语"借入"了一些词汇的语义,还"借入"词汇并吸收发展为类词缀。如汉语中用"皮肤"来表达"电脑应用程序的界面",个人用户可以根据自己的喜好来更换应用程序的界面,我们称为"更换皮肤","皮肤"的"电脑应用程序的界面"义就是从英语"借入"的意义。《牛津英语词典》纸质版本比网络版本稍落后,最新的纸质版本为 1989 年出版的第 2版,第 3 版还在编纂中。1983 年,第一台使用鼠标和使用图形用户界面的电脑问世,截止到《牛津英语词典》第 2 版于 1989 年出版的时候,电脑还没有在家庭应用中普及,因此,我们在 OED 中并没有发现"skin"的"the way particular information appears on a computer screen,especially when this can be changed quickly and easily(软件、网站等的)界面,皮肤"义,但是《牛津高阶英汉双解词典》(第 9 版)和《朗文高阶英汉双解词典》中均有收录,该义的产生是通过隐喻从触觉器官域映射到外界物理域的结果。我们在计算机上进行操作的时候,经常会碰到"更换皮肤""换肤""皮肤设置""皮肤编辑"等可以根据个人喜好更换、设置、编辑界面外观的操作,但是《现代汉语词典》(第7版)中并没有收录该义项。追根溯源的话,即可发现该义并不是从汉语中"皮"的原型意义直接引申出来的,而是在语言接触和文化接触中通过翻译从英语中"借入"的。

英语压觉形容词用于文学作品、戏剧作品、音乐等文艺作品域始源于"light music 轻音乐"的出现。据 OED 记载,light 最早出现该用法是在 16 世纪末,进入 19 世纪之后 light 更加频繁地出现在文艺作品域,如"light reading 轻阅读""light comedy 轻喜剧""light drama 轻戏剧""light literature 轻文学""light entertainment programme 轻娱乐节目"等。后来"light music 轻音乐""light reading 轻阅读"等被翻译过来引入汉语中。这就使得汉语和英语中都出现了用压觉形容词表示文艺作品类型的现象。

汉语压觉形容词"轻",原型意义为"重量小",从英语翻译借入"light music""light reading"等之后,其意义就发生了虚化,产生了"形态结构简单"的附加意义,因"结构简单"而"不感到劳累或有负担",如例①和例②中的"轻喜剧""轻歌剧":

①英国故事片《四个婚礼和一个葬礼》是部轻喜剧,虽然有传统的一见钟情的爱情故事,但更是对当今西方社会伦理道德和社会风尚的深刻描述。

②在维也纳的歌剧院演出的一出轻歌剧叫《伊丽莎白》,以婉约的手法诠释了这位著名皇后幽怨的一生。

可以说,汉语中出现"轻音乐""轻阅读""轻喜剧""轻歌剧"等合成词是汉英两种语言接触过程中通过翻译从英语"借入"汉语的。由"轻"加上词根构成的这些词汇具有新颖的特点,也具有偶发性,一般来说偶发性的词汇很难在词汇系统中稳定保持下来,但是"轻+词根"的构词方式并没有局限于这些从英语翻译而来的词汇,也没有遭到人们的排斥,而是在大众求新求异的心理作用下通过创新和类推机制推广开来,从而发展出了不少新词,"轻"也开始类前缀化。

代玲玲(2017)的统计结果显示:自 2000 年以来,在报刊媒体标题中活跃的"轻+双音节名词"形式的词有 21 个,如"轻资产""轻公司""轻电影""轻博客""轻应用"等。从这些新词可以看出,"轻+双音节词"在汉语词库中有所扩大,从文艺作品域的使用扩大了到信息化、智能化的生产生活领域,如"轻众筹""轻媒体""轻银行""轻创业"等;除了我们上文提到的"形态结构简单"的附加意义,还出现了"变化趋势上走向弱化""态度上肯定或受欢迎""方式上借助互联网"等附加意义。"轻歌剧"比传统歌剧的时长要短,"轻喜剧"比传统喜剧的喜剧味儿要弱,变得含蓄,"轻旅游""轻飞行"因轻装、轻便、能使人放松心情而受到年轻人的欢迎,"轻应用""轻众筹""轻物流""轻银行"等都借助互联网平台实施并拓展业务。

这些"轻+词根"构成的新合成词基本上都不是常用词,在前文的分析中并没有出现,但是从这些词的产生过程中可以看到:"轻"首先是一个具有实实在在意义的压觉形容词,由于英语译词的引入而产生附加意义、理性意义虚化,在汉语系统内部因大众求新求异的心理通过创新和类推衍生出来更多的"轻+双音节名词"形式词汇,类推衍生出的新词使得"轻"具备了较强的构词功能,成为一个具有较强能产性的类词缀。可以说,"轻"成为类词缀的过程,不仅有语言接触的作用,也有大众求新求异心理和就简不就繁、追求生活品质的生活态度的影响。

从汉英两种语言接触的过程来看,英语属于相对的强势语言,汉语从英语借入了不少外来词,丰富了汉语的词汇库。在触觉名词和形容词的语义中,我们也能发现英语对汉语的影响大于汉语对英语的影响,两种语言的交流中存在不对等性。

第三节　人类认知因素

在认知语言学看来,语言是人类对主客观世界认知的结果的展示。相同的认知客体、人类认知主体在生理和心理上的相似性便决定了汉英触觉范畴词汇在语义上表现出很多共同之处或是相似之处。

一、认知主体生理的一致性

尽管东西方人具有不同的形态特征,外表特征存在很大的差异,但是这种差异从生物上来讲并不大,跟人类和其他物种在生物学上的差异相比的话,这种差异就是小巫见大巫了,可以忽略不计。不管是西方人,还是东方人,无论母语为英语还是汉语,皮肤都是覆盖人体最大面积的触觉器官。从人类的演化历史来看,当人类开始直立行走之后,手不需要负责移动身体,这就被解放出来能够做更多的事情。于是,人类的手开始能够处理非常精细的任务,特别是能够生产、使用复杂的工具。于是,手就成了人类极具特色的器官之一,手部常用动作有抓、举、提、握等。因此,汉语和英语中的触觉动词都与手的动作有关,从语义上来看,典型的、常用的触觉动词均与"触摸/轻抚"有关。从触觉形容词语义场来看,常用的表示温觉的形容词的语义可能跟手部皮肤感觉有关,也有可能跟身体其他部位的皮肤感觉有关,而表示接触感和压觉的形容词的语义大多与手部皮肤感觉有关。因此,可以说,认知主体生理的一致性就决定了汉英触觉范畴词汇同一词类原型意义的相似性。

认知主体生理的一致性决定了人类对温度感觉的相似性。在热带气候环境下,人会觉得皮肤散热不好,汗流浃背,像是身处烤炉中,连空气都是热的;在寒带气候环境下,人会觉得皮肤热量迅速消失,皮肤血管收紧,血液循环减慢,反应迟钝,连空气都是冰冷刺骨的。从这一点来看,不管是东方人,还是西方人,对冷和热的温度感觉是基本一致的。当然,东西方人对客观事物的软硬或轻重的基本感觉也是一致的,只是在程度上会因人而异。因此,可以说,认知主体生理的一致性决定了操不同语言的人触觉感受的一致性。

当我们手提重物的时候,会感到沉重,这就产生了"重"的感觉;当我们手提轻物的时候,就不会感到沉重,这就产生了"轻"的感觉。无论是东方人还是西方人,对"重"和"轻"的感觉都是相同的,不会发生质的差别;只是对不同的人来讲,因为承重能力的差别而产生对"重"和"轻"程度感知的不同。

人类对事物轻重的初步感觉,是物体压力作用于人的结果,因此"轻/light"和"重/heavy"的原型意义都具备基本的身体体验,人类对重量也就有了非常直接的感官印象。东西方人在认知生理上具备一致性,这就决定了当客观事物一致的时候,汉英两种语言中的压觉词具备相同的"压力域"的语义。汉语和英语都常常用"轻/light"和"重/heavy"来形容外界客观事物的重量大小,所以两种语言中压觉形容都常和"包裹/bag""篮子/basket""身

体/body"等表示客观事物的具体名词搭配使用,如:

③她一扯带子,掉下一个沉重的包裹来,哇的一声,里面是一个刚刚下生的小孩子。

④他那高大沉重的身体,把她压得透不过气来,她几乎是在爬着走。

⑤当他把沉重的篮子抬起来放在桌上时,由于吃力又不住地咳嗽起来。

⑥从此,我心头的一块重石落地,原来即使是这么多年后,一句道歉也不嫌太晚。

⑦I staggered along with the baby and the **heavy** bag.

我抱着个婴儿,背着个重包,蹒跚而行。

⑧She reached out a tentative hand to the **heavy** body beside her.

她试探着把手伸向了身边笨重的身体。

⑨...their arms pulled down by **heavy** baskets of pies and eggs.

……他们手臂上挂着满篮子的馅饼和鸡蛋。

⑩Others had curved spines from the **heavy** stones they carried.

其他人都因为背着沉重的石头而弯着腰。

以上例子可见汉语和英语压觉形容词都经常与表示客观事物的具体名词搭配,这种搭配上的相似性,也能够反映认知主体在认知生理上的一致性,同样,这种生理上的一致性决定了搭配上的相似性。

汉英触觉形容词和名词搭配使用,除了本义之外,还会有言外之意,表示人的心情变化,如汉语中的"重石"可以转指给人造成压力,引起心情沉重,"压在心头的一块重石落了地"可以用来指担心的事情终于得以解决,压力顿消,心理放松不少;英语中的"light music 轻音乐"可以转指使人放松,引起心情愉悦。

从以上分析可见,汉英触觉范畴词汇在原型意义上表现出来的相似性,操汉英两种不同语言的人对事物冷热、轻重和软硬的相同触觉体验,以及汉英触觉形容词与名词搭配上的相似性,都可以作为人类认知生理一致性决定汉英触觉范畴词汇语义相同之处的佐证。

二、认知主体心理的一致性

作为认知主体的人类,在认知生理上具备一致性,其认知心理机制也基本上相同,表现为语言中所存在的通感隐喻。压觉词属于触觉词中的一种,用于描述身体所感受到的压觉感官印象,通过通感隐喻,可以用来描述触觉之外的别的感官印象。如汉语中的压觉词可以通过通感隐喻投射到听觉域,英语中的压觉词可以通过通感隐喻投射到嗅觉域和听觉域。压觉投射到听觉域就形成了声音域的语义,如:

⑪人们围坐在餐桌前轻声交谈,尽情享受着中国古建筑文化和饮食文化带来的愉悦。

⑫我俩面对面坐着,他轻言慢语地说,我装模作样在小本上记……

⑬他语重心长地谈到自己为什么要这样认真地下来调研。

⑭"Thank you for bringing me home," she said in a…**light** voice.

"谢谢你带我回家。"她轻声说。

⑮…as she dropped her head into her hands with a **heavy** groan.

……她双手抱着头,发出一声重重的叹息。

⑯He said, "Nowadays all the **heavy** voices are singing this role;…"

他说:"如今这个角色都由重低音来演绎……"

英语中的压觉还可以投射到嗅觉域,形成嗅觉义域的语义,如:

⑰She swayed away, leaving a drift of rather **heavy** scent behind her.

她摇摇晃晃地离开了,留下一股相当浓郁的气味。

汉语和英语中压觉词的这种通感隐喻,建立在认知主体认为听觉或嗅觉在某些特定情况下给人的感觉和压觉给人的感觉有相似之处。因为声音大,认知主体会有刺耳的感觉,声音轻柔时就不会有刺耳的感觉,这一点在东西方人看来都是一样的,所以汉英压觉词都可以通过通感隐喻从压觉域映射到听觉域,形成声音域的语义,如"light voice""light laugh 轻笑""轻声""轻言慢语""轻歌曼舞"等。

认知主体心理上的一致性也导致了汉英温觉形容词和接触感形容词在认知语义上的相似性。李丽虹(2012)对温觉形容词进行了研究,认为汉英温觉词可以通过通感隐喻投射到听觉域和视觉域中,如"冷言冷语""cold voice 冷声""冷色""暖色""hot color 暖色";此外,英语的温觉词还可以通过通感隐喻投射到嗅觉域和味觉域,如"cold odor 寒冷的气味""hot curry 辛辣的咖喱"。汉英接触感形容词都可以通过通感隐喻投射到视觉域、听觉域和味觉域中,如"软/硬线条""软饮料""软话""轻言软语""soft color 柔和的颜色""soft voice 轻柔的声音""hard voice 冷酷的声音""hard liquor 烈性酒"等。

因此,可以说认知主体在心理上的一致性导致了汉英触觉形容词在认知语义上的相似性。认知主体所获得的压觉主要源于外部刺激,源于外部物体重量给人的压力刺激。这种来源于身体外部的刺激,比如东西方的认知主体普遍认为在举、提、抬或搬起重量大的物体时要费力,阅读枯燥的读物时理解上会有困难,这就会引起认知主体内心的刺激,携带重物比携带轻物要累,枯燥的东西难理解,费力气或费脑力会给人带来生理感觉上的不快,这种生理上的不快会带给人心理上的不愉悦,所以"轻阅读""light music 轻音乐"会令人放松、使人愉悦,"沉重的气氛 heavy atmosphere"则给人一种压抑的感觉,如:

⑱几个探员陆续走进来,没人说话,空气中笼罩着一股沉重的气氛。

⑲The **heavy** atmosphere was finally interrupted by Finn.

沉重的气氛最重被费恩给打破了。

第四节　自然环境和文化因素

萨丕尔在《语言论》中曾指出:"语言不脱离文化而存在,就是说,不脱离社会流传下来的、决定我们生活面貌的风俗和信仰的总体。……语言的内容,不用说,是和文化有密切关系的……语言的词汇多多少少忠实地反映出它所服务的文化……"可见,语言和文化密不可分,作为人类创造的精神财富,属于文化的重要组成成分;同时,语言也是对人类是如何通过自身体验认识客观世界的记录。语言的记录功能使之成为文化传播的工具,异文化传播过程中又会产生语言的借贷,对语言产生一定的影响。在汉英触觉范畴认知语义中可以清晰地看到因文化差异和自然环境差异引起的语义差异。

真如萨丕尔所说的,语言能够反映文化、记录文化,中国和英国不同的文化在汉英触觉范畴词汇中也有所体现。英语触觉名词"skin"有不同于汉语的义项"光头仔",该义项就是 20 世纪 60 年代从伦敦兴起的光头党反传统文化留在语言中的印迹。光头党文化是 20 世纪最重要的亚文化之一,展现出经典的身份要素。在 20 世纪 80 年代的英国,"光头党的标志是刮得光亮的头、牛仔裤、T 恤衫、背带裤以及 Doc Marten 鞋子,被认为是越来越多的不抱幻想者和被剥夺公民权者的标志,大部分是男性,抗议快速消亡的工业化时代。它是对日益壮大的中产阶级价值观和保守文化的故意反叛,光头党也由此被孤立,因为缺少文化和政治资本。通过采用这样的外表和态度,光头党成员努力控制和决定自己,而非被动地被支配性文化决定","通过这种方式来'协调'他们在社会和支配性文化边缘的地位"。① "skinhead"便通过转喻的以光头党的标志性光头打扮来代替光头党成员,因此就产生了"光头仔"之义,形式上可以简写为"skin"。在中国并没有出现过"光头党"文化,因此在"皮"类词中也并没有出现此类含义。

　　汉语触觉名词"皮"类词中有一个极具中国文化特色的词,即"皮影"。皮影艺术为中国民间艺术形式之一,大约起源于西汉时期,唐宋时期发展成熟,清代达到极盛。皮影戏是让观众通过白色布幕,观看一种用牛皮或驴皮制作的平面偶人表演的灯影,来达到艺术效果的戏剧形式。皮影戏班的主要活动方式有两种:赶庙会和被邀参与红白喜事。皮影戏班的台柱子是一个戏班的主心骨,称为"挑签者",演出时不仅要挑着皮影上面的竹签,用手指灵活操纵皮影人来完成各种动作表演,还要包揽剧中所有角色的唱白。这一特殊的艺术形式在汉语"皮"类词中也留下了自己的印迹,"皮影"可以指皮影戏中的道具,也可以转喻指皮影戏这种艺术形式。

　　正如中英文化在汉英触觉范畴中烙下了痕迹一样,不同的自然环境也在汉英触觉范畴中留下了自己的印迹。作为汉语和英语的发源地,中国和英国具有完全不同的自然环境。中国领土空间跨度大,南北跨纬度近 50 度,

---

① 鲍德温,罗伯茨. 视觉传播从理论到实践[M]. 沈阳:辽宁科学技术出版社,2010:96.

直线距离约 5500 公里,东西跨经度 61 度多,直线距离 5200 公里。① 东西南北跨度大就造成了气候类型的巨大差异,有五种不同的气候类型:热带季风气候、亚热带季风气候、温带季风气候、温带大陆性气候和高原山地气候。英国则是位于大西洋中的一个群岛国家,"岛上任何地方距离海洋都不超过120 公里"。"英国全境受到海洋暖流的影响,终年温和湿润,冬暖夏凉",降水充沛。② 研究中发现英语和汉语中都有压觉形容词用于修饰表示天气的名词的情况,如"轻风""轻云""light wind 微风""light breeze 微风""light rain 细雨""heavy rain 大雨"等。从 BNC 中"light+名词"搭配的出现频次来看,"light wind""light breeze""light rain"这三种搭配在所有搭配中所占比例为12.28%,而"heavy rain"在 BNC 中"heavy+名词"的搭配中出现频率最高,高达 265 次,所占比例为 6.96%。这跟英国常年受西风影响而温和多雨的气候有关,这种气候反映在语言中就导致了跟压觉形容词和天气名词的搭配远远高于汉语中的相关搭配。中国的气候则比较多变,因此汉语压觉形容词很少和天气名词搭配用作修饰语,而是常常和一些表示具体事物或抽象事物的名词搭配,如"沉重的包裹""沉重的包袱""重犯""重病""重彩""沉重的劳作""沉重的打击"等。

---

① 庞德谦,孙峰华,唐明达. 中国国情地理概论[M]. 济南:山东省地图出版社,1991:76.

② 张爽. 英国政治经济与外交[M]. 北京:知识产权出版社,2013:1.

结　语

通过详细且深入的对比分析,我们发现,汉英触觉范畴词汇认知语义共性和差异并存。总的来说,"皮"类词与 skin 的差异相对来说不大;"摸"类词与 feel 的动作感知义相近,其他感知义相差比较大,其语义演变过程中都存在语法化现象;"轻"类词与 light 和"重"类词与 heavy 两组差异比较大。这些词语义方面存在的共性和差异具体如下:

首先,汉语的"皮"类词和英语的 skin 原型意义相同,衍生意义都有通过隐喻从触觉器官到客观物理环境域和情感态度域的语义引申;汉语的"皮"类词比英语的 skin 语义上多了从触觉器官域到思维认知域和空间域的语义引申。

其次,汉语的"摸"类词和英语的 feel 原型意义基本相同,都是动作感知义,但是"摸"是讲汉语的人在日常生产生活中最为常用的意义,而 feel 的原型意义随着时间的流逝发生了些许变化,其在产生之初的原型意义并不是现在英语国家人们生产生活中最为常用的意义,当代英语国家人们生活常用的 feel 的意义并不是其动作感知义,而是结果感知义;从认知语义类型来看,"摸"类词和 feel 的语义都包含了动作感知义、结果感知义和非感知义,feel 还可以直接表达描述型感知义,而"摸"必须借助别的词构成"摸起来""摸上去"等动补结构才能表达描述型感知义;"摸"类词和 feel 在语义演变过程中都存在语法化的现象,语法化的原因都是语义的变化,认知动因均为隐喻机制,不同的是语法化结果不同,"摸"类词从触觉感官动词语法化为副词,而 feel 从动态的触觉感官动词语法化为一个静态动词。

再次,汉语的"轻"类词和英语的 light 原型意义基本相同,都与重量小相关;衍生意义都有从物理域到态度域、听觉域和心理域的引申,英语的 light 还多了从物理域到食物域的语义引申;从语义色彩来看,"轻"类词的语义有褒有贬,而 light 则更偏向于在褒义的语境中使用。

最后,汉语的"重"类词和英语的 heavy 原型意义基本相同,都同重量大有关;衍生意义都有从物体域到态度域和心理域的隐喻映射,heavy 比"重"类词多了从物理域到食物域和嗅觉域的隐喻映射;从语义色彩看,heavy 更偏贬义,"重"类词更偏向于应用在褒义的语境中。

从原型意义和衍生意义的关系来看,汉英触觉名词、动词和形容词的衍生意义都和原型意义存在着这样或那样的联系,都是通过隐喻或转喻机制由原型意义衍生而来。具体来讲,触觉动词和触觉形容词的语义基本上都是通过隐喻机制的作用从原型意义衍生出来的,而触觉名词的语义引申还有转喻机制的参与。

从语义演变的规律来看,汉英触觉名词和触觉动词的语义演变都是沿着从具体到抽象的路径发展;触觉形容词的演变路径则有所不同,汉语触觉形容词语义演变沿着从具体到抽象的方向发展,而英语触觉形容词语义演变主要是从具体概念引申到抽象概念,个别则沿着相反的方向发展。从语义引申的方式来看,汉英触觉名词和动词的语义引申都呈现出散射型的引申方式,汉语词汇的语义引申以链条型引申为主,辐射型引申为辅,而英语词汇的语义引申则正好相反;汉英触觉形容词的语义引申则都呈现出辐射型的引申方式。

从语义引申的认知动因来看,汉英触觉名词、动词和形容词的语义引申的认知机制为隐喻或转喻,以隐喻为主,其中涉及了众多认知模式。但是从基础的隐喻模式来讲,汉英触觉动词和形容词的语义引申中都包含了Balmas(2000)所提出的认知模式:HEARING IS TOUCHING(听到即摸到);SMELLING IS TOUCHINIG(闻到即摸到);EMOTIONAL EFFECT IS PHYSICAL CONTACT(情感效应即物理接触);EMOTIONAL QUALITY IS TACTILE QUALITY(情绪特征即触摸感觉)。

除了对汉英触觉范畴词汇认知语义的异同的详细对比、对其所涉及的认知模式和语义引申路径和方式的对比分析之外,笔者还从语言结构因素、语言借贷因素、人类认知因素、文化和自然环境因素 4 个方面对这些共性和差异进行阐释。

从语言本身来看,语言结构上的差异是造成汉英触觉范畴词汇语义表现上差异的一个重要原因,汉英两种语言不同的音节结构制约着各自词汇系统的语义表现。汉语向双音节甚至多音节方向发展丰富了原有的词汇系统,新的构词要素的加入使得原有的单音节词的意义变得丰富;汉语词汇的双音节化甚至多音节化,不仅仅是汉语词汇系统内部发展的结果,还有来自语言接触的影响。

从语言接触来看,在频繁的语言接触中语言借用是不可避免的。作为强势语言,从英语"借入"汉语的词汇要比从汉语"借入"英语的词汇多得多。由翻译引入或是直接使用,汉语从英语"借入"了一些词汇,部分词汇只是"借了"英语语义,部分则通过翻译被汉语词汇系统吸收、产生了新的附加意义、终成类词缀。英源的类词缀的加入使人们能够方便表达涌现出来的新事物或新概念,在某种程度上丰富了汉语的词汇系统;这种借用也是汉英触觉范畴词汇语义上相似性的一个重要原因。

从认知的角度来看,东西方认知主体的人类具有一致的生理机制和相似的心理机制,可以解释汉英触觉范畴词汇认知语义的共性表现。

从自然环境和文化因素来看,作为汉英两种语言发源地的中国和英国具有不同的自然环境和不同的文化。不同的地理环境产生了不同的气候,在语言中留下了相应的印迹。语言可以记录文化并传播文化,因此,每一种文化都会在自己的语言中刻下属于自己文化的痕迹,这就可以理解汉英触觉范畴认知语义所表现出来的差异了。

毋庸置疑,任何研究都有自己的局限性,都会留下进一步拓展的空间,本书也是不例外。本书在选择研究对象的时候,以人们日常生活生产中常用词为基本原则,因此以人体最大触觉器官名词、高频触觉动词和形容词为研究对象进行了详尽和细致的分析,所选择的研究对象都具有典型性;但是对压觉词内部"轻"类词与"重"类词、light 与 heavy 的语义关系并没有详细分析,由于篇幅和精力有限,把痛觉形容词排除在了研究范围之外,也没有详细分析最为常用的触觉器官"手",而且对那些除却"摸"类词和 feel 之外的其他使用频率比较高的动词也没有进行分析。这就有待于进一步开展研究工作才能予以完善。

汉语和英语为非亲属语言,分别隶属于汉藏语系和印欧语系,因此本书为非亲属语言之间的对比,这种对比确实可以发现一些规律性的认识。这也是本书的研究意义所在,但是这个研究范围还可以拓展,除了汉英非亲属语言之间的跨语言对比,还可以做汉语和其他非亲属语言之间的对比,或者汉藏语系内部亲属语言之间的对比。除了跨语言的对比之外,我们还可以进行语内考察,进行共同语与方言之间的比较,甚至各种方言之间的比较。

笔者主要从认知语义学的角度对汉英触觉词的意义进行了对比考察,后续研究可以扩展研究角度,从神经心理学、计算语言学等更多的、更为纵深的方向推进跨学科的语义研究,因为意义研究本身就带有跨学科的色彩。

参考文献

[1]安汝磐,赵玉玲.新编汉语形容词词典[Z].北京:经济科学出版社,2003.

[2]暴慕贞.有趣的生物数字[M].石家庄:河北少年儿童出版社,1995.

[3]陈萌.汉语温觉形容词"冷"的语义演变及其通感隐喻研究[D].重庆:西南大学,2019.

[4]陈嘉映.语言哲学[M].北京:北京大学出版社,2003.

[5]陈士芳."冷"的通感概念隐喻英汉对比及其认知理据分析[J].社会科学,2022(12):126-128.

[6]陈宗明.汉字符号学[M].上海:东方出版中心,2016.

[7]程洋.现代汉语触觉感官词的认知语义研究[D].吉林:东北师范大学,2011.

[8]程志强.国有企业改革和混合所有制经济发展[M].北京:人民日报出版社,2016.

[9]邓奇.认知视角下英汉感知形容词的对比研究[D].吉林:东北师范大学,2018.

[10]董成如.所有构造的认知解释[J].外语与外语教学,2003(4):60-63.

[11]董宏,张道新,朱韵菲.论汉语感觉比喻造词[J].辽宁工业大学学报(社会科学版),2015,17(4):40-43.

[12]许慎.说文解字注[Z].段玉裁,注.上海:上海古籍出版社,2006.

[13]范氏秋红.汉越触觉词通感隐喻之比较[J].武汉理工大学学报(社会科学版),2017(2):161-167.

[14]范氏秋红.汉越低感词及其教学研究[D].武汉:武汉大学,2017.

[15]谷衍奎.汉字源流字典[Z].北京:语文出版社,2008.

[16]韩可.概念隐喻理论背景下温度隐喻的研究综述[J].湖北函授大学学报,2015,28(12):108-109.

[17] 韩睿子. 汉英感觉词的隐喻对比及教学策略:以温感词"热"和"hot"为例[D]. 武汉:华中师范大学,2015.

[18] 侯博. 汉语感官词的语义语法学研究[D]. 南京:南京师范大学,2008.

[19] 胡俊. 触觉通感隐喻的类型及其建构条件[J]. 石家庄铁道大学学报(社会科学版),2015,9(1):73-76.

[20] 胡兴莉. 汉语对英语影响研究:语言接触视角[J]. 南华大学学报(社会科学版),2014,15(4):108-111.

[21] 霍恩比. 牛津高阶英汉双解词典[Z]. 9 版. 李旭影,译. 北京:商务印书馆,2018.

[22] 教育部语言文字信息管理司. 中国语言生活状况报告. 2015[R]. 北京:商务印书馆,2015.

[23] 蓝纯. 从认知角度看汉语和英语的空间隐喻:英文本[M]. 北京:外语教学与研究出版社,2003.

[24] 郎姗姗. 英汉温度隐喻对比研究[D]. 吉林:东北师范大学,2008.

[25] 雷丹,覃修桂. 体验认知视角下"热"的概念隐喻:一项英汉对比实证研究[J]. 当代外语研究,2013(3):24-28,27.

[26] 李福印. 认知语言学概论[M]. 北京:北京大学出版社,2008.

[27] 李丽虹. 汉英温觉词语义对比研究[D]. 北京:中央民族大学,2012.

[28] 李梦璐. 反义形容词"软""硬"的对称性和不对称性研究[D]. 武汉:华中师范大学,2015.

[29] 李敏. 汉英感觉词引申义的重合与分歧[J]. 华北电力大学学报(社会科学版),2000(3):73-75,85.

[30] 李杨. 概念隐喻视域下的英汉温度隐喻比较研究[D]. 扬州:扬州大学,2015.

[31] 李勇忠. 语言转喻的认知阐释[M]. 上海:东华大学出版社,2004.

[32] 李勇忠. 言语行为转喻与话语的深层连贯[J]. 外语教学,2004(3):14-18.

[33] 李勇忠. 语言结构的转喻认知理据[J]. 外国语,2005(6):40-46.

[34] 李勇忠. 论语法转喻对语言结构的影响[J]. 外语教学与研究,2005(4):

276-282,321.

[35]梁祺珊,黄月华.温度形容词多义研究概况[J].佳木斯职业学院学报,
2014(10):136-137.

[36]林正军.英语感知动词多义性的认知研究[M].长春:东北师范大学出
版社,2011.

[37]刘俊霞.现代青年常用知识手册[M].北京:中国华侨出版社,2015.

[38]刘夏.现代汉语基本触觉词研究[D].济南:山东大学,2017.

[39]刘行光.造纸术[M].重庆:西南师范大学出版社,2014.

[40]刘宇红.指示语的多元认知研究[J].外语学刊,2002(4):60-63,112.

[41]刘宇红.预设投射研究的 Karttunen 模式与 Fauconnier 模式[J].外语学
刊,2003(2):62-65.

[42]刘珍."通感"与英汉感觉形容词词义转移的对比分析[J].重庆工学院
学报,2004(3):114-116.

[43]娄爱华.汉语感官词模糊性与隐喻研究[D].呼和浩特:内蒙古师范大
学,2006.

[44]罗尉.汉英感觉词语"热/hot"概念隐喻对比分析[J].湖南工程学院学
报(社会科学版),2010(6):43-46.

[45]马春花.汉英"温觉词"对比研究[J].考试周刊,2015(17):17-18.

[46]马赟.现代汉语感受动词研究[D].南京:南京师范大学,2007.

[47]梅进丽.从认知角度看"hot"一词多义现象[J].湖南科技学院学报,
2007(6):128-130.

[48]潘玲珊."寒"及语素"寒"参构词的语义分析和文化阐释[D].福州:福
建师范大学,2015.

[49]庞德谦,孙峰华,唐明达.中国国情地理概论[M].济南:山东省地图出
版社,1991.

[50]彭懿.英汉肤觉形容词的认知语义研究[D].长沙:湖南师范大
学,2010.

[51]覃修桂,李颖杰.英语温度域的意象图式及其隐喻系统[J].当代外语研
究,2014(6):70-76,125.

[52]任晓艳.现代汉语温度感觉词研究[D].济南:山东大学,2006.

[53]沈家煊.词义与认知:《从词源学到语用学》评介[J].外语教学与研究,1997(3):74-76.

[54]石毓智.语法的认知语义基础[M].南昌:江西教育出版社,2000.

[55]苏新春.现代汉语分类词典[Z].北京:商务印书馆,2013.

[56]谭丽萍.英汉语中"尖"的概念隐喻对比研究[J].河池学院学报,2009,29(4):61-66.

[57]谭鑫田,李武林.西方哲学范畴理论[M].济南:山东大学出版社,1993.

[58]唐树华,董元兴,李芳.构式与隐喻拓展:汉英温度域谓语句形容词隐喻拓展差异及成因探析[J].外国语,2011,34(1):50-57.

[59]许慎.说文解字:现代版[Z].徐铉,校定.王宏源,新勘.北京:社会科学文献出版社,2005.

[60]颜玉君.常用词"疼""痛"的历时演变和共时分布[J].国际汉语学报,2014,5(1):184-196.

[61]李行健,苏新春.现代汉语常用词表[Z].2版.北京:商务印书馆,2021.

[62]完剑秋.现代汉语温度词的多视角研究[D].南京:南京林业大学,2014.

[63]王超文.日语"五感词汇+心理名词"的通感表达模式中五感词汇的使用情况[J].汉日语言对比研究论丛,2019(第10辑):127-142.

[64]王家璐.中古汉语人体感官感知类形容词语义场研究[D].宁波:宁波大学,2011.

[65]王新玲.现代汉语触觉形容词研究[D].桂林:广西师范大学,2010.

[66]魏励.常用汉字源流字典[Z].上海:上海辞书出版社,2010.

[67]文阳.英汉触觉形容词语义对比研究[D].延吉:延边大学,2013.

[68]文旭,叶狂.转喻的类型及其认知理据[J].解放军外国语学院学报,2006(6):1-7.

[69]吴芳.上古—中古"寒""冷""凉"词群的认知研究[D].武汉:华中师范大学,2006.

[70]向翔,龚友德.从遮羞板到漆尺文身:中国少数民族服饰文化巡礼[M].

昆明:云南教育出版社,2001.

[71]谢曙光.皮书手册　写作、编辑出版与评价指南[M].北京:社会科学文献出版社,2015.

[72]熊黎.汉英触觉词"重"的认知隐喻研究[J].湖北科技学院学报,2015,35(2):95-98.

[73]熊学亮.第一人称零主语的ICM分析[J].现代外语,2001(1):34-43.

[74]熊学亮.语言的ICM和语言研究的ICM[J].复旦学报(社会科学版),2003(2):134-140.

[75]熊学亮,王志军.被动句式的原型研究[J].外语教学,2002(1):19-23.

[76]徐小波.知觉词的意觉语义转移[J].烟台教育学院学报,2005(3):27-30.

[77]徐琼.原型范畴理论对感官词一词多义的解释力[J].湘潭师范学院学报(社会科学版),2008(4):158-159.

[78]徐通锵.汉语字本位语法导论[M].济南:山东教育出版社,2008.

[79]颜崇云."软/硬"类触觉形容词的语义演变研究[D].南宁:广西大学,2020.

[80]杨惠津.中英文触觉词比较分析:以"轻、重、软、硬"为例[D].长春:吉林大学,2021.

[81]杨治良.简明心理学辞典[Z].上海:上海辞书出版社,2007.

[82]姚岚.ICM对借代认知研究的消极影响[J].外语学刊,2005(5):86-90.

[83]英国培生教育出版集团.朗文高阶英汉双解词典:新版[Z].王莹,彭非,江玉清,译.北京:外语教学与研究出版社,2013.

[84]岳文强.行旅觅踪[M].石家庄:河北少年儿童出版社,1996.

[85]曾石飞.中古汉语感官感知类动词语义场研究[D].宁波:宁波大学,2011.

[86]张立红.温度词"热、冷、温、凉"语义演变的历史考察[D].南昌:江西师范大学,2013.

[87]张维娜.英汉温觉形容词的多义化对比研究[D].曲阜:曲阜师范大学,2015.

[88]赵彦春,黄建华.英语感官动词模块性的语义分析:认知词典论对词库的描写[J].解放军外国语学院学报,2001(4):11-14.

[89]赵艳芳.认知语言学概论[M].上海:上海外语教育出版社,2001.

[90]中国社会科学院语言研究所词典编辑室.现代汉语词典[Z].7版.北京:商务印书馆,2016.

[91]朱东华.基于温度图式的英语概念隐喻[J].肇庆学院学报,2010,31(1):71-74,79.

[92]朱志美.英汉常规触觉隐喻的认知比较[J].边疆经济与文化,2008(7):100-101.

[93]林正军.英语感知动词多义性的认知研究[D].长春:东北师范大学,2007.

[94]ACKERMAN J M et al. Incidental Haptic Sensations Influence Social Judgments and Decisions[J]. Science,2010(328).

[95]BALMAS M. Tactile Interaction as the Source Domain of Metaphoric Extensions[D]. MA Thesis. Torun:Nicolaus Copernicus University,2000.

[96]FAUCONNIER G. Mental spaces:Aspects of Meaning Construction in Natural Language[M]. Cambridge:Cambridge University Press,1985.

[97]LAKOFF G. & M. Johnson. Metaphors We Live By[M]. Chicago:Chicago University Press,1980.

[98]LANGACKER R W. Foundation of Cognitive Grammar(Volume I)[M]. Stanford:Stanford University Press,1987.

[99]LANGACKER R W. Foundation of Cognitive Grammar:Descriptive Application(Volume II)[M]. Stanford:Stanford University Press,1991.

[100]LANGACKER, RONALD W. Ten Lectures on Cognitive Grammar By Ronald Langacker. Gao Yuan and Li Fuyin (eds). Beijing:Foreign Language Teaching and Research Press,2007.

[101]RAKOVAM. The Extent of the Literal:Metaphor,Polysemy and Theories of Concepts[M]. New York:Palgrave Publishers Ltd,2003.

[102]ROSCH E. Principles of Categorization[A]. Rosch,E. & Lloyd,Barbara

(eds), Cognition and Categorizaiton[C]. Hillsdale, New Jersey: Lawrence Erlbaum, 1978.

[103] SHINDO M. Semantic Extension, Subjectification, and Verbalization[M]. Lanham: University Press of America, 2009.

[104] SWEETSER. From Etymology to Pragmatics: Metaphorical and Cultural Aspects of Semantic Structure [M]. Cambridge: Cambridge University Press, 1990.

[105] VERVAEKEJ, CHRISTOPHER D GREEN. Women, Fire and Dangerous Theories: A Critique of Lakoff's Theory of Categorization[J]. Metaphor and Symbol, 1997(12):59-80.

[106] ULLMANNS. The Principles of Semantics [M]. Oxford: Basil Blackwell, 1957.

[107] VIOLIP. Meaning and Experience[M]. Indiana University Press, 2000: 26-36.

[108] LAKOFFG, JHONSON M. Metaphors We Live by[M]. London: University of Chicago Press, 2003.

[109] LAKOFFG. The Contemporary Theory of Metaphor. In A. Ortony (Ed.), Metaphor and Thought[M]. Cambridge: Cambridge University Press, 1994.

附录

附表1 《现代汉语常用词表》(第2版)中含有"皮"的词及其频度顺序

词语	频序号	词语	频序号	词语	频序号
皮	2246	皮件	49548	皮影戏	38297
皮袄	25121	皮匠	32866	皮张	45155
皮包	11541	皮筋儿	38875	皮疹	42379
皮包公司	41024	皮具	38296	皮脂	51031
皮包骨	38687	皮毛	17099	皮纸	44867
皮鞭	23909	皮帽	39925	皮质	22305
皮层	31629	皮棉	28429	皮子	26123
皮尺	44624	皮囊	40349	调皮	13662
皮大衣	24254	皮袍	33494	眼皮	8219
皮带	15034	皮球	17031	脱皮	37420
皮带轮	54136	皮肉	16690	皮癣	52514
皮蛋	38498	皮褥子	46039	白皮书	13984
皮垫	53623	皮试	52671	表皮	17619
皮筏	53624	磨嘴皮	53598	毛皮	28173
皮肤	3927	皮糖	47230	铁皮	19016
皮肤病	26623	皮条	36059	树皮	16673
皮革	15504	皮下	26772	剥(bāo)皮	29393
皮猴儿	53128	皮箱	16498	双眼皮	37238
皮划艇	22882	皮相	47231	单眼皮	38229
皮黄	48488	皮鞋	6687	皮货	33894
皮靴	27672	赖皮	46304	皮夹	32608
皮炎	38688	牛皮纸	32213	皮夹克	31174
皮衣	25929	草皮	22126	肚皮	10307

续附表 1

词语	频序号	词语	频序号	词语	频序号
植皮	42479	鸡毛蒜皮	27416	地皮	14898
果丹皮	55558	皮实	46040	橡皮	16811
橡皮泥	52348	橡皮擦	54775	橡皮筏	50011
橡皮膏	46109	橡皮筋	36742	橡皮圈	56606
橡皮糖	56607	橡皮艇	43968	嘴皮子	31918
脸皮	15613	麸皮	46244	豆腐皮	53430
封皮	36653	桂皮	51705	胶皮	27269
车皮	28060	羊皮筏	53269	青皮	35600
泼皮	41233	羊皮纸	54810	吹牛皮	41583
蜕皮	38720	刮地皮	45083	拉皮条	43886
眼皮子	35378	牛皮癣	27135	白皮松	42759
牛皮	16859	癞皮狗	47814	扯皮	16661
踢皮球	45797	果皮	25101	顽皮	13625
嬉皮士	51490	俏皮话	27361	俏皮	19461
调皮鬼	54732	皮肉之苦	44153	嬉皮笑脸	37429
眼皮底下	27542	皮开肉绽	41229	皮里阳秋	53129
没皮没脸	50610	涎皮赖脸	55308	死皮赖脸	42175
橡皮图章	46719	耍嘴皮子	45492	与虎谋皮	55815
鸡皮疙瘩	29836	皮笑肉不笑	41914		

附表 2　《现代汉语常用词表》(第 2 版)中含有"摸"的词及其频度顺序

词语	频序号	词语	频序号	词语	频序号
摸	2013	摸彩	53104	摸高	47837
摸黑儿	38287	摸奖	54117	摸门儿	55171
摸爬滚打	24659	摸索	7206	摸头	43907
摸准	35591	抚摸	7818	偷摸	25792
捉摸	18184	约摸	20522	估摸	25473
顺藤摸瓜	32116	盲人摸象	51388	偷鸡摸狗	39328

续附表2

词语	频序号	词语	频序号	词语	频序号
瞎子摸象	55307	浑水摸鱼	42089	摸底	13201
摸着石头过河	8674	摸爬滚打	24659	摸透	32044
偷偷摸摸	22806				

附表3　《现代汉语常用词表》(第2版)中含有"轻"的词及其频度顺序

词语	频序号	词语	频序号	词语	频序号
轻	1163	轻便	22053	轻薄	23423
轻车简从	26775	轻车熟路	38132	轻淡	39725
轻敌	25783	轻度	23912	轻而易举	15893
轻纺	21436	轻风	32478	轻浮	24073
轻抚	28595	轻歌曼舞	44633	轻工业	15469
轻轨	19670	轻忽	48497	轻活儿	52258
轻机枪	41038	轻贱	48816	轻金属	56583
轻举妄动	31755	轻看	33772	轻快	13671
轻狂	39525	轻量级	38304	轻慢	41468
轻描淡写	19463	轻捷	31183	轻蔑	13031
轻判	48498	轻飘	35918	轻飘飘	24458
轻骑	21772	轻骑兵	41240	轻巧	19158
轻取	20219	轻柔	16521	轻软	46047
轻纱	30967	轻伤	21182	轻身	44161
轻生	29863	轻声	7924	轻省	52259
轻视	8771	轻手轻脚	29971	轻率	19701
轻松	2527	轻佻	27932	轻微	9597
轻武器	37583	轻侮	47862	轻闲	41241
轻信	16999	轻型	15036	轻扬	48817
轻易	5585	轻音乐	31514	轻吟	50654
轻盈	13638	轻悠悠	54667	轻油	55209
轻于鸿毛	51843	轻重	12327	轻重倒置	56584

续附表3

词语	频序号	词语	频序号	词语	频序号
轻重缓急	25620	轻舟	35919	轻装	24713
轻装上阵	34287	年轻	697	年轻人	2418
举足轻重	11374	拈轻怕重	53114	掉以轻心	17174
无足轻重	28533	人微言轻	43923	年轻气盛	35014

附表4　《现代汉语常用词表》(第2版)中含有"重"的词及其频度顺序

词语	频序号	词语	频序号	词语	频序号
重镇	13577	重办	48962	重磅	31110
重兵	18299	重病	13410	重病号	55395
重彩	38585	重残	45274	重臣	29484
重创	17505	重大	679	重担	12245
重地	22278	重点	992	重点校	51982
重读	23990	重罚	22680	重犯	49707
重负	24040	重工业	14135	重荷	50796
重活儿	37568	重机枪	34630	重价	46767
重剑	31111	重奖	17291	重金	18717
重金属	21248	重晶石	51983	重力	13483
重利	42010	重量	7397	重量级	21741
重判	43259	重炮	39179	重拳	35667
重任	5939	重伤	9901	重赏	23876
重视	862	重水	29792	重听	50797
重头	37659	重头戏	16095	重托	11854
重武器	35977	重孝	47054	重心	8856
重型	13117	重压	21485	重要	129
重音	35228	重用	12125	重油	23877
重灾	46170	重载	31689	重责	39180
沉重	2312	珍重	20606	庄重	10324
隆重	3982	敬重	13199	慎重	7442

续附表4

词语	频序号	词语	频序号	词语	频序号
稳重	18383	尊重	1401	浓重	12504
看重	7885	举重	10198	器重	14016
惨重	12708	侧重	10090	持重	26673
负重	19025	厚重	11076	失重	29064
吃重	50846	借重	27663	推重	37070
粗重	32276	注重	2039	自重	14849
并重	8420	净重	48425	手重	46681
倚重	28899	繁重	6869	比重	3222
心重	43725	着重	4419	危重	17555
严重	546	毛重	56155	偏重	13597
保重	16412	体重	8272	言重	37804
深重	15038	载重	20011	承重	38992
起重	27597	郑重	6416	凝重	12890
任重道远	11858	语重心长	15968	德高望重	20259
郑重其事	21833	无足轻重	28533	轻重倒置	56584
尊师重教	32532	尊师重道	50433	拈轻怕重	53114
如释重负	23974	老成持重	39060	轻重缓急	25620
恩重如山	48676	避重就轻	31700	举足轻重	11374
重话	50763	侧重点	27562	起重机	27358

附表5　"light(与重量有关释义)+名词"搭配在BNC中的频次统计①

light+名词	BNC中的出现次数	所占比例/%
light wind 微风	96	6.14
light aircraft 轻型飞机	93	5.94
light touch 轻触	70	4.48

---

①　附表5和附表6中的语料和频次统计均来源于Sketch Engine网站,在此仅统计了出现次数大于3次的搭配形式,出现少于或等于3次的搭配就没有纳入统计范围。

续附表 5

light+名词	BNC 中的出现次数	所占比例/%
light relief 轻松的调剂	54	3.45
light industry 轻工业	52	3.32
light weight 轻量级	51	3.26
light armour 轻甲	49	3.13
light breeze 微风	48	3.07
light rain 细雨	48	3.07
light lunch 简便午餐	44	2.81
light work 轻活儿	43	2.75
light entertainment 轻娱乐节目	40	2.56
light rail 轻轨	31	1.98
light soil 轻质土	30	1.92
light meal 清淡饭菜;简餐	27	1.73
light snack 小吃	27	1.73
light refreshment 小点心	26	1.66
light tone 轻声	26	1.66
light railway 轻轨	23	1.47
light drizzle 细雨	22	1.41
light music 轻音乐	22	1.41
light laugh 轻笑	20	1.28
light(aero)plane 轻型飞机	19	1.21
light voice 轻声	19	1.21
light reading 轻笑	18	1.15
light vehicles 轻型车辆	18	1.15
light duty 责任轻	16	1.02
light fuel 轻燃料	16	1.02
light material 轻薄的材料	16	1.02
light sleep 浅眠	16	1.02
light engineer 温柔的工程师	15	0.96
light heart 轻松的心情	15	0.96

续附表5

light+名词	BNC 中的出现次数	所占比例/%
light aviation 轻型	14	0.9
light gun 轻型炮	14	0.9
light hand 轻柔的手	14	0.9
light moment 轻松的时刻	13	0.83
light opera 轻戏剧	13	0.83
light type 轻型	13	0.83
light crude 轻油	12	0.77
light sentence 轻判	12	0.77
light shower 小雨	12	0.77
light supper 简餐	12	0.77
light alloy 轻合金	11	0.7
light metal 轻金属	11	0.7
light suit 轻型潜水服	11	0.7
light vein 浅脉络	11	0.7
light clothing 轻便服装	10	0.64
light cruiser 轻型巡洋舰	10	0.64
light element 轻元素	10	0.64
lighti nfantry 轻骑兵	10	0.64
light load 轻载	10	0.64
light fiction 轻小说	9	0.58
light kiss 轻吻	9	0.58
light step 轻轻的脚步	9	0.58
light wine 低度葡萄酒	9	0.58
light bread 发酵充分的面包	8	0.51
light comedy 轻喜剧	8	0.51
light footstep 轻轻的脚步	8	0.51
light removal 轻轻移动	8	0.51
light van 轻型厢货车	8	0.51
light breakfast 简单的早餐	7	0.45

续附表5

light+名词	BNC 中的出现次数	所占比例/%
light car 轻型汽车	7	0.45
light cloud 淡淡的云	7	0.45
light dress 薄裙子	7	0.45
light exercise 轻运动	7	0.45
light heavyweight 轻重量级	7	0.45
light jacket 薄夹克	7	0.45
light middleweight 轻中量级	7	0.45
light movement 轻轻移动	7	0.45
light shoe 轻便的鞋子	7	0.45
light tap 轻敲	7	0.45
light training 轻松训练	7	0.45
light truck 轻型卡车	7	0.45
light application 轻应用	6	0.38
light caress 温柔的抚摸	6	0.38
light coat 薄外套	6	0.38
light manufacturing 轻制造业	6	0.38
light particle 轻子	6	0.38
light product 轻产品	6	0.38
light sleeper 浅眠者	6	0.38
light style 轻风格	6	0.38
light things 轻物	6	0.38
light work 轻量工作	6	0.38
light novel 轻小说	4	0.26
总计	1564	100.00

附表 6　"heavy(与重量有关释义)+名词"搭配在 BNC 中的频率统计

heavy+名词	BNC 中的出现次数	所占比例/%
heavy rain 暴雨	265	6.96
heavy industry 重工业	120	3.15
heavy burden 沉重的负担	116	3.05
heavy vehicle 重型车辆	92	2.42
heavy goods 重货物	88	2.31
heavy traffic 交通拥挤	85	2.23
heavy loss 沉重的损失	83	2.18
heavy load 重负载	70	1.84
heavy metal 重金属	69	1.81
heavy fighting 激烈战斗	66	1.73
heavy fine 高额罚款	62	1.63
heavy duty 重税	58	1.52
heavy demand 高需求	55	1.44
heavy use 频繁使用	50	1.31
heavy weight 重量级	48	1.26
heavy emphasis 着重强调	48	1.26
heavy smoker 烟瘾大的人	45	1.18
heavy curtain 厚窗帘	42	1.10
heavy pressure 高压	41	1.08
heavy drinker 酒瘾大的人	41	1.08
heavy drinking 重度饮酒	40	1.05
heavy work 重活儿	39	1.02
heavy heart 沉重的心情	39	1.02
heavy hand 强硬措施	39	1.02
heavy defeat 重挫	39	1.02
heavy door 厚重的门	38	1.00
heavy sea 巨浪	36	0.94
heavy breathing 粗重的呼吸	35	0.92

续附表 6

heavy+名词	BNC 中的出现次数	所占比例/%
heavy weapon 重武器	34	0.89
heavy responsibility 重大责任	34	0.89
heavy price 高价	34	0.89
heavy lorries 重型卡车	34	0.89
heavy soil 黏土	33	0.87
heavy weather 恶劣气候	32	0.84
heavy reliance 严重依赖	31	0.81
heavy infection 严重感染	31	0.81
heavy fire 重大火灾	31	0.81
heavy investment 重大投资	30	0.79
heavy boot 重靴	29	0.76
heavy toll 沉重的代价	28	0.73
heavy sigh 沉重的叹息	28	0.73
heavy cloud 厚厚的云层	28	0.73
heavy water 重水	27	0.71
heavy furniture 笨重的家具	27	0.71
heavy cold 重感冒	27	0.71
heavy object 重物	26	0.68
heavy casualties 重大伤亡	26	0.68
heavy artillery 重型火炮	26	0.68
heavy blow 重击	25	0.66
heavy bag 重沙袋	25	0.66
heavy armour 重装甲	25	0.66
heavy bombardment 重轰炸机	24	0.63
heavy stuff 重物	22	0.58
heavy chain 重链	22	0.58
heavy machinery 重机械	21	0.55
heavy rainfall 暴雨	20	0.52
heavy stone 沉重的石头	19	0.50

续附表6

heavy+名词	BNC 中的出现次数	所占比例/%
heavy truck 重卡	18	0.47
heavy concentraion 高浓度	18	0.47
heavy swell 狂涌	17	0.45
heavy rock 沉重的石头	17	0.45
heavy snowfall 暴雪	16	0.42
heavy snow 大雪	16	0.42
heavy sarcasm 浓重的讽刺	16	0.42
heavy horse 重型马	16	0.42
heavy taxation 重税	15	0.39
heavy overcoat 厚外套	15	0.39
heavy material 厚布	15	0.39
heavy lid 沉重的盖子	15	0.39
heavy footstep 沉重的脚步	15	0.39
heavy expenditure 高消费	15	0.39
heavy equipment 重型设备	15	0.39
heavy bomber 重型轰炸机	15	0.39
heavy body 笨重的身体	15	0.39
heavy workload 大工作量	15	0.39
heavy suitcase 沉重的手提箱	14	0.37
heavy shower 暴雨	14	0.37
heavy shoe 厚重的鞋	14	0.37
heavy mist 浓雾	14	0.37
heavy irony 浓浓的讽刺	14	0.37
heavy fall 一落千丈	14	0.37
heavy damage 严重损害	14	0.37
heavy crop 丰收	14	0.37
heavy police 众多警察	13	0.34
heavy mineral 重矿物	13	0.34
heavy gun 重炮	13	0.34

续附表6

heavy+名词	BNC 中的出现次数	所占比例/%
heavy criticism 严重批评	13	0.34
heavy tread 沉重的脚步	12	0.32
heavy silence 尴尬的沉默	12	0.32
heavy programme 严肃的节目	12	0.32
heavy mob 众多暴徒	12	0.32
heavy man 暴力犯罪分子	12	0.32
heavy gate 沉重的门	12	0.32
heavy day 繁忙的一天	12	0.32
heavy thing 费神的事情	11	0.29
heavy oil 重油	11	0.29
heavy head 重头	11	0.29
heavy ground 泥泞的地面	11	0.29
heavy glass 厚玻璃	11	0.29
heavy dependence 严重依赖性	11	0.29
heavy commitment 郑重承诺	11	0.29
heavy sword 重剑	10	0.26
heavy lunch 大餐	10	0.26
heavy frost 浓雾	10	0.26
heavy coat 厚外套	10	0.26
heavy clay 黏土	10	0.26
heavy brow 浓眉	10	0.26
heavy accent 浓重的口音	10	0.26
heavy tax 重税	9	0.24
heavy spectacle 奇观	9	0.24
heavy sleep 沉睡	9	0.24
heavy meal 大餐	9	0.24
heavy make-up 浓妆	9	0.24
heavy hint 重大线索	9	0.24
heavy engineering 重型制造业	9	0.24

续附表6

heavy+名词	BNC 中的出现次数	所占比例/%
heavy chair 沉重的椅子	9	0.24
heavy unemployment 严重失业	8	0.21
heavy smoking 烟瘾大	8	0.21
heavy runner 沉重的转轮	8	0.21
heavy punishment 重惩	8	0.21
heavy eyelids 沉重的眼皮	8	0.21
heavy attack 猛攻	8	0.21
heavy air 闷热的天气	8	0.21
heavy volume 高容量	7	0.18
heavy user 频繁使用者	7	0.18
heavy type 重型	7	0.18
heavy trading 巨大的成交量	7	0.18
heavy table 笨重的桌子	7	0.18
heavy subsidy 高额补贴	7	0.18
heavy sentence 重判	7	0.18
heavy selling 抛售	7	0.18
heavy period 沉闷的过程	7	0.18
heavy penalty 重刑	7	0.18
heavy night 深夜	7	0.18
heavy layer 厚厚的一层	7	0.18
heavy landing 重着陆	7	0.18
heavy item 重物	7	0.18
heavy infestation 严重感染	7	0.18
heavy feeder 优质饲料	7	0.18
heavy dose 大剂量	7	0.18
heavy debt 重债	7	0.18
heavy case 重箱子	7	0.18
heavy breast 巨乳	7	0.18
heavy borrowing 高额借贷	7	0.18

续附表 6

heavy+名词	BNC 中的出现次数	所占比例/%
heavy wind 大风	6	0.16
heavy weaponry 重武器	6	0.16
heavy timber 沉重的大梁	6	0.16
heavy storm 暴风雨	6	0.16
heavy rainstorm 暴风雨	6	0.16
heavy paper 重磅纸	6	0.16
heavy mortagage 重抵押贷款	6	0.16
heavy line 浓重的线条	6	0.16
heavy jowl 臃肿的颌部	6	0.16
heavy hair 浓密的头发	6	0.16
heavy element 重元素	6	0.16
heavy digestion 艰难的消化	6	0.16
heavy atom 重原子	6	0.16
heavy wave 巨浪	5	0.13
heavy thunderstorm 雷暴雨	5	0.13
heavy thud 重击	5	0.13
heavy surf 巨浪	5	0.13
heavy shadow 浓重的阴影	5	0.13
heavy scent 浓郁的气味	5	0.13
heavy rope 粗重的绳子	5	0.13
heavy raid 猛烈袭击	5	0.13
heavy lifting 重大提升	5	0.13
heavy housework 沉重的家务	5	0.13
heavy form 笨重的外形	5	0.13
heavy fold 多重折叠	5	0.13
heavy competition 激烈的竞争	5	0.13
heavy cloak 厚外套	5	0.13
heavy car 重型汽车	5	0.13
heavy bone 沉重的骨骼结构	5	0.13

续附表6

heavy+名词	BNC 中的出现次数	所占比例/%
heavy bleeding 严重失血	5	0.13
heavy basket 沉重的篮子	5	0.13
heavy smell 浓郁的气味	4	0.11
heavy music 重金属音乐	4	0.11
heavy heat 酷热	4	0.11
heavy feeling 沉重的感觉	4	0.11
heavy exposure 长期暴露	4	0.11
heavy crude 重油	4	0.11
heavy consumption 大量消费	4	0.11
heavy cargo 笨重的货物	4	0.11
heavy beat 重击	4	0.11
heavy areas 重要区域	4	0.11
总计	3810	100.00